Smakfulla Italien

En Kulinarisk Utforskning av Italiens Matkultur

Anna Lindström

INNEHÅLLSFÖRTECKNING

Sardiska saffransköttpajer 9

Kalvkotletter med prosciutto och salvia 13

Kalvkotletter med tryffel 15

Kalvkött med Marsala och svamp 17

Kalvrullar i vitt vin 20

Kalvrullar med ansjovis 22

Kalvrullar med spenat 24

Kalvrullar med prosciutto och ost 26

Grillade kalvrullar med mozzarella och brödsmulor 28

Skillet Kalvkotletter 30

Kalvkotletter med rosmarin och vitt vin 32

Grillade kalvkotletter 34

Kalvkotletter med paprika 36

Fyllda kalvkotletter med skinka och Fontina 38

Kalvkotletter, Milanostil 40

Bräserade kalvkotletter 42

Gryta med kalvkött, potatis och gröna bönor 44

Kalvgryta med rosmarin och ärter 46

Kalv- och peppargryta 48

Kalvgryta med rött vin ... 50

Kalvgulasch med grädde ... 53

Kalv-, korv- och svampspett ... 56

Kalvskaft, Milanostil ... 58

Kalvskaft med Barbera ... 61

Kalvskaft med porcini ... 64

Helstekt kalvskaft ... 67

Kalvskaft, mormors stil ... 69

Kalvstek med Pancetta ... 71

Kalvkött i tonfisksås ... 73

Bräserad kalvskuldra ... 76

Kalvfylld kål ... 78

Kalv- och tonfisklimpa ... 81

Venetiansk lever och lök ... 84

Fyllt kalvbröst ... 86

Korv och peppargryta ... 90

Grillad korv och potatis ... 92

Umbrisk korv och linsgryta ... 94

Korv med vindruvor ... 96

Korv med oliver och vitt vin ... 97

Korv med svamp ... 98

Korv med Broccoli Rabe ... 100

Korv med linser 102

Fläsk revben och kål 104

Grillade Spareribs 106

Kardon i grädde 108

Morötter och kålrot med Marsala 110

Salta pajbakelse 112

Spenat Ricotta Tart 115

Purjolökstårta 117

Smörgåsar med mozzarella, basilika och rostad paprika 119

Smörgåsar med spenat och robiola 121

Riviera Sandwich 123

Tonfisk och rostad paprika Triangelsmörgåsar 126

Prosciutto och fikontriangelsmörgåsar 128

Amaretto bakade äpplen 129

Livias äppelkaka 131

Aprikoser i citronsirap 134

Bär med citron och socker 136

Jordgubbar med balsamvinäger 138

Hallon med mascarpone och balsamvinäger 140

Körsbär i Barolo 142

Varma rostade kastanjer 144

Fikonkonserver 146

Chokladdoppade fikon 148

Fikon i vinsirap 150

Doras bakade fikon 152

Honungsdagg i mintsirap 154

Apelsiner i apelsinsirap 155

Apelsiner gratinerade med Zabaglione 157

Vita persikor i Asti Spumante 159

Persikor i rött vin 160

Amaretti-fyllda persikor 161

Päron i apelsinsås 163

Päron med Marsala och grädde 165

Päron med varm chokladsås 167

Romkryddade päron 169

Kryddade Päron med Pecorino 171

Pocherade päron med Gorgonzola 173

Päron- eller äppelpuddingkaka 175

Varm fruktkompott 178

Venetiansk karamelliserad frukt 180

Frukt med honung och grappa 182

Vinterfruktsallad 184

Grillad sommarfrukt 186

Varm ricotta med honung 188

Kaffe Ricotta 189

Mascarpone och persikor 191

Chokladskum med hallon 193

Tiramisù 195

Jordgubbar Tiramisù 198

Italiensk bagatell 200

Zabaglione 202

Choklad Zabaglione 204

Kyld Zabaglione med bär 206

Citrongelatin 208

Orange Rom Gelatin 211

Espresso gelatin 213

Pannacotta 215

Sardiska saffransköttpajer

Impanadas

Gör 8

Dessa små bakverk fyllda med köttfärs, oliver och torkade tomater är roliga för fester, picknickar och måltider utanför hemmet. Om de verkar mer spanska än italienska beror det på att Sardinien kontrollerades av Spanien i mer än fyra århundraden. Både språket och matlagningen speglar det inflytandet.

Bakverken görs som fylld pasta — med en fyllning mellan två degbitar. Om du föredrar mindre bakverk kan du göra dessa som omsättningar, placera mindre fyllning i en degskiva och sedan vika skivan på mitten över fyllningen.

Traditionellt används ister för bästa smak, men olivolja fungerar också.

Bakverk

3 1/2 dl oblekt universalmjöl

1 tsk salt

1/4 dl smält ister eller olivolja

Ca 1 kopp varmt vatten

Fyllning

½ tsk saffranstrådar

¼ kopp varmt vatten

1 pund malen rund

¼ pund fläskkorv i italiensk stil, tarmen borttagen

2 stora ägg, vispade

½ dl vanligt torrt brödsmulor

½ dl torkade tomater, finhackade

½ kopp urkärnade och hackade gröna oliver

¼ dl hackad färsk plattbladig persilja

2 vitlöksklyftor, fint hackade

1 tsk salt

Nymalen svartpeppar

1. Förbered degen: Rör ihop mjöl och salt i en stor skål. Tillsätt ister eller olja och vatten. Rör om tills blandningen går ihop och bildar en mjuk deg. Tillsätt lite mer vatten om det behövs. Lägg över degen till en lätt mjölad yta. Knåda den kort tills degen är smidig. Forma degen till en boll. Låt vila, täckt med en skål, i 20 minuter till 1 timme.

2. Förbered fyllningen: Blötlägg saffran i det varma vattnet i en liten kopp i 10 minuter.

3. I en stor skål, rör ihop alla de återstående fyllningsingredienserna. Tillsätt saffransvattnet och blanda väl.

4. Skär degen i 16 bitar. (Skär degen i fjärdedelar. Skär varje fjärdedel på mitten, sedan var åttonde på mitten.) Täck alla utom 1 bit med en vältad skål. Forma biten till en boll på en lätt mjölad yta. Med en kavel, kavla ut degen till en 4-tums cirkel. Kavla ut resterande degcirklar på samma sätt.

5. Värm ugnen till 400°F. Smörj två stora bakplåtar. Ställ en liten skål med vatten nära din arbetsyta.

6. Dela fyllningen i 8 portioner. Placera en del av fyllningen i mitten av en cirkel av deg, lämna en smal kant runt om. Doppa fingret i lite vatten och fukta kanten på degen. Lägg en andra cirkel av deg ovanpå, forma degen runt fyllningen och tryck försiktigt ut luften. Tryck ihop kanterna på degen ordentligt med en gaffel för att täta.

7. Lägg den lilla pajen på den förberedda bakplåten. Med en liten kniv sticker du flera hål i toppen så att ånga kan komma ut. Upprepa med den återstående degen och fyllningen, placera köttpajerna cirka 1 tum från varandra.

8. Grädda 25 minuter, eller tills pajerna är gyllenbruna och köttsaften bubblar.

9. Lägg över pajerna till galler för att svalna. Servera varm eller i rumstemperatur.

Kalvkotletter med prosciutto och salvia

Saltimbocca

Ger 4 portioner

Små rutor av kalvkött toppade med prosciutto och salvia kallas saltimbocca, eller "hoppa i munnen", i Rom, eftersom de är så snabba att göra och äta. Servera dem med möra vårärtor och sparris.

1 pund kalvkoteletter, tunna och skurna i 8 bitar

Salt och nymalen svartpeppar

8 färska salviablad

4 tunna skivor importerad italiensk prosciutto, skuren på mitten på tvären

2 matskedar smör

1 msk olivolja

⅓ dl torrt vitt vin

1. Strö på båda sidor av kalvköttet med salt och peppar. Lägg 1 salviablad på varje bit. Toppa med prosciuttoskivorna. Nåla ihop köttet och salvian med tandpetare.

2. Smält 1 matsked av smöret med oljan på medelhög värme i en stor tjock stekpanna. Lägg till hälften av kalvköttsbitarna och koka tills de fått färg på ena sidan, 3 till 4 minuter. Vänd kalvköttet och koka tills det får färg, cirka 3 minuter. Lägg över köttet i ett serveringsfat och håll det varmt. Upprepa med det återstående kalvköttet.

3. Tillsätt vinet och koka på hög värme, skrapa pannan tills vätskan är lätt sirapslik. Ta av från värmen och rör i resterande 1 msk smör. Häll såsen över kalvköttet och servera genast.

Kalvkotletter med tryffel

Vitello alla Petroniana

Ger 4 portioner

För många år sedan upptäckte min man och jag en fin liten trattoria nära vårt hem i New Yorks Westchester County. Det drevs av en familj från Emilia-Romagna, och varje dag gjorde familjens mamma de mest delikata handgjorda pastaerna. Såvitt jag kan minnas beställde jag alltid samma sak: tortellini alla panna (tortellini med gräddsås) och denna rätt med kalvköttsskalopin i lätt Marsalasås med tryffel. Efter att vi hade flyttat från området tänkte jag på kalvrätten i många år och en dag kom jag till min förvåning över en version av receptet i en gammal kokbok som mamma hade gett mig. Jag har anpassat detta för att passa mitt minne.

Tryffel ger en lyxig touch, men kalvköttet är fortfarande väldigt gott utan dem.

½ kopp universalmjöl

Salt och nymalen svartpeppar

2 msk osaltat smör

1 matsked vegetabilisk olja

1 pund kalvkoteletter, dunkade tunt

½ kopp torr Marsala

2 msk nyriven Parmigiano-Reggiano

Färsk eller konserverad svart tryffel, mycket tunt skivad (valfritt)

1. På en bit vaxpapper, rör ihop mjölet och salt och peppar efter smak.

2. Smält smöret med oljan på medelvärme i en stor stekpanna. Doppa kalvköttet snabbt i mjölet och skaka av överskottet. Lägg hälften av kalvköttsskivorna i pannan och stek tills de fått färg på ena sidan, 3 till 4 minuter. Vänd kalvköttet och koka tills det får färg, cirka 3 minuter. Överför köttet till ett serveringsfat; hålla varm. Upprepa med det återstående kalvköttet.

3. Tillsätt Marsala och koka 1 minut, skrapa botten av pannan. Sänk värmen till låg. Lägg tillbaka kalvköttsskivorna i pannan och strö dem med saften. Strö över kalvköttet med osten och arrangera tryffelskivorna ovanpå, om du använder. Täck pannan och koka 1 minut till. Servera omedelbart.

Kalvkött med Marsala och svamp

Scaloppine alla Marsala

Ger 4 portioner

En engelsk vinhandlare vid namn John Woodhouse var den första som producerade det Marsala-vin vi känner till idag. År 1773 fann Woodhouse, på jakt efter ett sätt att stabilisera viner från Sicilien så att de skulle överleva en lång sjöresa tillbaka till Storbritannien, att han kunde tillsätta sprit till vinet, i en process liknande den som används för att göra portvin, sherry, och Madeira. Det förstärkta vinet var en stor framgång i Storbritannien. Även om Marsala är mindre populärt att dricka idag, används ofta i italiensk matlagning. Både torra och söta varianter av Marsala finns tillgängliga. Torra Marsalas, särskilt de lagrade vergine- och soleras-versionerna, är högkvalitativa viner och kan drickas som sherry som aperitif. Använd torr Marsala för att laga salta rätter som den här klassiska och söta Marsala för desserter som zabaglione.

3 matskedar osaltat smör

2 matskedar olivolja

12 uns svamp, vilken sort som helst, tunt skivad

Salt och nymalen svartpeppar

½ kopp universalmjöl

1 pund kalvkoteletter, dunkade tunt

¾ kopp torr Marsala

1. I en stor stekpanna, smält 2 msk smör med 1 msk olja på medelvärme. Tillsätt svampen samt salt och peppar efter smak. Koka, rör ofta, tills svampen är mjuk och brun, cirka 15 minuter. Lägg över svampen på en tallrik.

2. På en bit vaxpapper, rör ihop mjölet och salt och peppar efter smak. Tillsätt den återstående 1 matskeden av smör och olja i stekpannan. När smöret smält, doppa kotletterna snabbt i mjölet och skaka av överskottet. Lägg till hälften av kalvköttsbitarna i pannan och koka tills de fått färg på ena sidan, 3 till 4 minuter. Vänd kalvköttet med en tång och koka tills det får färg, cirka 3 minuter. Lägg över köttet i ett serveringsfat och håll det varmt. Upprepa med det återstående kalvköttet.

3. Tillsätt Marsala i stekpannan. Koka, rör om med en träslev, tills såsen är lätt sirapslik, cirka 2 minuter.

4. Lägg tillbaka kalvköttet och svampen i pannan. Koka, vänd kalvköttet i såsen tills det är genomvärmt, cirka 1 minut. Servera omedelbart.

Kalvrullar i vitt vin

Rollatini di Vitello al Vino Bianco

Ger 4 portioner

I hela Italien är rullning och stoppning en vanlig metod för att få ut det mesta av en liten mängd kalvkotletter. Röd eller malet kött, ost eller grönsaker kan användas till fyllningen. Detta recept är populärt på många italienska restauranger i USA.

1 pund kalvkoteletter, dunkade tunt

Salt och nymalen svartpeppar

4 mycket tunna skivor importerad italiensk prosciutto, skuren på mitten på tvären

2 msk riven Parmigiano-Reggiano

2 tsk hackad färsk bladpersilja

2 msk osaltat smör

1 msk olivolja

¼ dl torrt vitt vin

¼ dl kycklingbuljong

1. Strö över kalvköttet på båda sidor med salt och peppar. Lägg en skiva prosciutto på varje kalvbit. Strö över osten och sedan över persiljan. Rulla ihop kotletterna och nåla ihop dem med en tandpetare.

2. I en medelstor stekpanna, smält 1 matsked smör med oljan på medelvärme. Lägg i rullarna och koka, vänd bitarna tills de fått färg på alla sidor, cirka 10 minuter. Lägg över rullarna på en tallrik och håll dem varma.

3. Tillsätt vin och kycklingbuljong i stekpannan och koka på hög värme, skrapa pannan, tills vätskan är lätt sirapslik, cirka 2 minuter. Ta av från värmen och rör i resterande 1 msk smör. Häll såsen över kalvköttet och servera genast.

Kalvrullar med ansjovis

Rollatini alla Napolitana

Ger 4 portioner

Napolitaner använder ansjovis i sin kalvrullefyllning för att ge en saftig smak till den milda smaken av kött och mozzarella.

1 pund kalvkoteletter, tunna, skurna i 8 bitar

4 uns färsk mozzarella, skuren i 8 (2-tums) stavar

8 ansjovisfiléer, avrunna och torrkladda

Nymalen svartpeppar

3 matskedar osaltat smör

½ dl torrt vitt vin

2 msk hackad färsk bladpersilja

1. Lägg en bit ost och en ansjovis i ena kortändan av varje kalvbit. Strö över peppar. Rulla ihop kalvskivorna och nåla ihop var och en med en tandpetare.

2. I en stor stekpanna, smält 2 matskedar av smöret på medelvärme. Lägg i rullarna och koka tills kalvköttet känns fast vid beröring och är fint brynt, ca 10 minuter. Lägg över rullarna i ett serveringsfat och håll dem varma.

3. Sänk värmen till hög och tillsätt vinet i stekpannan. Koka, skrapa pannan, tills vätskan tjocknat något, cirka 2 minuter. Ta av från värmen och rör ner resterande 1 msk smör och persiljan. Häll såsen över kalvköttet och servera genast.

Kalvrullar med spenat

Rollatini di Vitello con Spinaci

Ger 4 portioner

Du kan sätta ihop dessa kalvrullar i god tid innan du ska tillaga dem. Förvara dem övertäckta i kylen fram till servering. Oroa dig inte om en del av spenaten läcker ut. Det sätter färg på den krämiga såsen.

8 uns färsk spenat

4 matskedar osaltat smör

¼ kopp mycket finhackad schalottenlök eller lök

Nypa nyriven muskotnöt

Salt och nymalen svartpeppar

1 pund kalvkotlett, skuren i 8 bitar, tunnslagen

4 skivor importerad italiensk prosciutto, halverad på tvären

½ dl torrt vitt vin

½ kopp tjock grädde

1. Lägg spenaten i en stor gryta på medelvärme med 1/4 dl vatten. Täck över och koka 2 till 3 minuter, eller tills vissnat och mjukt. Låt rinna av och svalna. Slå in spenaten i en luddfri trasa och krama ur så mycket vatten som möjligt. Hacka spenaten fint.

2. I en stor stekpanna, smält två matskedar av smöret på medelvärme. Tillsätt schalottenlöken eller löken och koka tills den är väldigt mjuk, cirka 5 minuter. Rör ner spenat, muskotnöt och salt och peppar efter smak. Ta bort från värmen.

3. Lägg ut kalvkotletterna på en plan yta. Strö över salt och peppar. Bred på lite av spenaten. Lägg hälften av en prosciuttoskiva på varje. Rulla ihop kotletterna från den korta änden och nåla ihop var och en med en tandpetare.

4. Smält resten av smöret i en stor stekpanna. Lägg i kalvrullarna och bryn på alla sidor, ca 10 minuter. Tillsätt vinet och låt koka upp. Koka i 10 minuter, vänd på rullarna då och då.

5. Tillsätt grädden och rör om väl. Sjud, vänd rullarna ofta, tills såsen tjocknat och täcker rullarna, 4 till 5 minuter. Ta bort tandpetarna innan servering. Servera varm.

Kalvrullar med prosciutto och ost

Spiedini di Vitello al Prosciutto

Ger 4 portioner

Anna Tasca Lanza driver en matlagningsskola som heter The World of Regaleali på sin familjs gård och vingård i Vallelunga på Sicilien. Anna lärde mig ett utmärkt knep för att förbereda kalvrullar och annan mat för att förhindra att de roterar på spetten under stekning eller grillning. Istället för bara ett spett, använd två, håll spetten sida vid sida ungefär en tum från varandra som pinnarna på en stor köttgaffel. Spjut rullarna på båda spetten på en gång. Detta håller bitarna säkert och gör det lättare att vända dem.

1 pund kalvkoteletter, tunna, skurna i 8 bitar

Salt och nymalen svartpeppar

4 tunna skivor importerad italiensk prosciutto, skuren på mitten på tvären

4 uns fontina eller mozzarella, skuren i 8 (2-tums) stavar

Ca 12 stora färska salviablad

2 matskedar extra virgin olivolja

1. Lägg kalvkotletterna på en plan yta. Strö lätt över nymalen peppar.

2. Lägg en bit prosciutto på varje kalvkotlett, putsa den så att den passar efter behov. Lägg en bit ost i ena änden av varje. Rulla ihop kotletterna från den korta änden, stoppa in sidorna för att bilda snygga rullar.

3. Placera en grill eller broilerställ cirka 5 tum från värmekällan. Förvärm grillen eller broilern. Håll två metallspett sida vid sida ungefär 1 tum från varandra som pinnarna på en stor köttgaffel. Varva rullarna på spetten med salviabladen, börja och sluta med bladen.

4. Pensla rullarna med olivoljan. Grilla eller stek tills köttet är lätt brynt, ca 5 minuter på varje sida. Servera varm.

Grillade kalvrullar med mozzarella och brödsmulor

Spiedini di Vitello alla Mamma

Ger 6 portioner

Till sommarens grillar gjorde min mamma stora satser av dessa kalvrullar på löpande band. Först skulle hon lägga ut köttskivorna, sedan toppa varje bit med en klick hemgjord ister, en ingrediens som ofta används i napolitansk matlagning. Därefter skulle min syster och jag följa med de återstående fyllningsingredienserna. Kavlat och spett, köttet kunde förberedas och kylas upp till flera timmar innan det tillagas. Även om jag fortfarande gillar att göra dessa rullar, eliminerar jag isteret i en eftergift för modern smak.

1 1/2 pund kalvkotletter tunna, skurna i 12 bitar

Salt och nymalen svartpeppar

8 uns färsk mozzarella, skuren i 12 (1/2-tjocka) stavar

3 matskedar hackad färsk plattbladig persilja

2 vitlöksklyftor, fint hackade

3/4 kopp vanligt brödsmulor

3 matskedar olivolja

1. Lägg ut kalvköttet på en plan yta. Strö bitarna med salt och peppar. Lägg en bit ost i ena änden av varje kalvkotlett. Strö över persiljan och vitlöken. Rulla ihop kalvköttet från kortändan.

2. Placera en grill eller broilerställ cirka 5 tum från värmekällan. Förvärm grillen eller broilern. Håll två metall- eller bambuspett parallellt, cirka 1 tum från varandra. Spjut en av rullarna på spetten som om de vore pinnarna på en stor köttgaffel. Trä de återstående rullarna på spetten på samma sätt.

3. Blanda brödsmulorna med salt och nymalen peppar i en liten skål. Pensla rullarna med olivolja och strö över smulorna, klappa dem så att de fäster.

4. Grilla eller stek spetten, vänd en gång, bara tills köttet känns fast när det pressas och osten smält lätt, cirka 10 minuter. Servera varm.

Skillet Kalvkotletter

Lombatine i Padella

Ger 4 portioner

En gång i tiden kom det finaste kalvköttet från mycket unga kalvar som bara fick sin modersmjölk. Idag utfodras de flesta djur med mjölkersättning och föds upp i boxar som begränsar deras rörelser. Detta resulterar i blekvitt, mycket mört kött som är ganska magert. Valfria snitt som kotletter från länd eller revben kan vara dyra. För att få ut det mesta av dem bör de tillagas försiktigt tills de är medium-rare och rosa i mitten, annars blir de sega och smaklösa.

Det här receptet och det som följer är två grundläggande sätt att tillaga kalvkotletter på spisen som används i hela Italien.

4 kalvkotletter, ca 1 tum tjocka

Salt och nymalen svartpeppar

2 msk osaltat smör

1 msk olivolja

8 stora färska salviablad, rivna i bitar

1. Torka kotletterna torra med hushållspapper. Strö kotletterna på båda sidor med salt och peppar.

2. I en stekpanna som är tillräckligt stor för att hålla kotletterna i ett enda lager, smält smöret med oljan på medelhög värme. Tillsätt kotletterna i pannan. Strö salvian runt kotletterna. Stek 3 minuter på ena sidan, eller tills de fått fin färg. Vänd köttet med en tång och bryn den andra sidan tills det bara är rosa i mitten, ca 2 minuter till. Servera omedelbart.

Kalvkotletter med rosmarin och vitt vin

Lombatine di Vitello al Vino Bianco

Ger 4 portioner

En lätt beläggning av mjöl före tillagning hjälper dessa kotletter att bryna fint. Mjölet förtjockar även pannsåsen lätt. Dessa kotletter lämpar sig för ett antal varianter.

2 matskedar olivolja

4 kalvkotletter, ca 1 tum tjocka

½ kopp universalmjöl

2-tums kvist rosmarin

Salt och nymalen svartpeppar

½ dl torrt vitt vin

1 msk osaltat smör

1. I en stekpanna som är tillräckligt stor för att hålla kotletterna i ett enda lager, värm oljan på medelhög värme. Rulla hastigt ihop kotletterna i mjölet och skaka av överskottet. Lägg kotletterna i pannan med rosmarin. Stek 3 minuter på ena sidan, eller tills de fått fin färg. Vänd köttet med en tång och bryn den andra sidan i cirka 2 minuter till, eller tills det bara är rosa i mitten. Lägg över kotletterna på en tallrik och strö över salt och peppar.

2. Häll av oljan. Tillsätt vinet i stekpannan och låt sjuda, skrapa botten av pannan för att blanda in de brynta bitarna, tills vätskan reducerats och tjocknat något. Ta av från värmen och rör ner smöret.

3. Häll tillbaka kotletterna och eventuell ackumulerad juice i pannan. Koka på låg värme 1 minut för att värma igenom. Lägg över kotletterna på ett fat och servera varma.

Variation: Använd salvia eller timjan istället för rosmarin. Tillsätt en lätt pressad vitlöksklyfta i pannan. Eller prova att ersätta torr Marsala med det vita vinet.

Grillade kalvkotletter

Lombatine al Forno

Ger 4 portioner

Tjockskurna kotletter passar bra till denna metod, en kombination av spis och ugn. Se bara till att inte överkoka kotletterna, annars blir de torra.

¼ kopp olivolja

4 kalvkotletter, ca 2 cm tjocka

Salt och nymalen svartpeppar

1 msk osaltat smör

3 vitlöksklyftor, fint hackade

2 kvistar färsk rosmarin

6 färska salviablad

½ dl torrt vitt vin

1 dl nöt- eller kycklingbuljong

1. Sätt ett galler i mitten av ugnen. Värm ugnen till 400°F.

2. Torka kotletterna torra med hushållspapper. I en ugnssäker stekpanna som är tillräckligt stor för att hålla kotletterna i ett enda lager, värm oljan på medelvärme. Strö kotletterna på båda sidor med salt och peppar. Lägg kotletterna i pannan och koka tills de fått fin färg, ca 4 minuter. Vänd köttet med en tång och bryn den andra sidan 3 till 4 minuter till.

3. Flytta pannan till mitten av ugnen och tillaga tills den är medium-sällsynt, cirka 10 minuter. För att kontrollera om den är färdig, skär en kotlett i den tjockaste delen nära benet. Köttet ska bara vara rosa. Lägg kotletterna på ett fat. Täck över och håll varmt.

4. Häll oljan ur stekpannan. Placera stekpannan på medelvärme. Tillsätt smör, vitlök, rosmarin och salvia. Koka 1 minut, skrapa pannan. Tillsätt vinet och låt koka upp. Koka 1 minut. Tillsätt buljongen och koka tills vätskan reducerats och tjocknat något, cirka 3 minuter. Smaka av med salt och peppar. Sila såsen över kotletterna. Servera varm.

Kalvkotletter med paprika

Vitello med Peperoni

Ger 4 portioner

Detta är en enkel vardagsrätt som kan varieras på många sätt. Prova att lägga till några ansjovis tillsammans med vitlöken om du gillar dem.

4 matskedar olivolja

3 till 4 stora röda eller gula paprikor, stjälkade, urkärnade och tunt skivade

2 vitlöksklyftor, fint hackade

8 färska salviablad

Salta och nymalen svartpeppar efter smak

4 kotletter från kalvfilé eller revben, ca 1 tum tjocka

½ dl torrt vitt vin

1. I en stekpanna som är tillräckligt stor för att hålla kotletterna i ett enda lager, värm 3 matskedar av oljan på medelvärme. Tillsätt paprikan och koka, rör om då och då, i 5 minuter. Rör i vitlök, salvia och salt och peppar toppsmaken och koka tills paprikan är mjuk och lätt brynt, cirka 10 minuter till. Lägg över paprikorna på en tallrik och torka av pannan.

2. Värm den återstående 1 msk olja på medelhög värme. Torka av kotletterna och strö över dem på båda sidor med salt och peppar. Tillsätt kalvköttet i stekpannan och koka tills det fått fin färg, 4 till 5 minuter. Vänd på kotletterna med en tång och koka tills de fått färg, cirka 4 minuter. Skeda bort överflödigt fett.

3. Tillsätt vinet och låt koka upp. Täck över och koka tills kotletterna är färdiga efter smak, ca 2 minuter för medium-rare. För att kontrollera om den är färdig, skär en kotlett i den tjockaste delen nära benet. Köttet ska bara vara rosa. Överför kotletterna till ett serveringsfat. Täck över och håll varmt.

4. Höj värmen och minska vätskan i pannan tills den tjocknat något, ca 2 minuter. Tillsätt paprikan och koka 1 minut eller tills den är genomvärmd.

5. Häll paprikan över kalvköttet och servera varmt.

Fyllda kalvkotletter med skinka och Fontina

Costolette alla Valdostana

Ger 4 portioner

Revbenskotletter är det bästa valet för detta recept, eftersom benet sitter på utsidan och det är lätt att skära en skåra i köttet för fyllning.

½ kopp universalmjöl

2 stora ägg, vispade

Salt och nymalen svartpeppar

1 kopp vanligt torrt brödsmulor

4 kotletter av kalvrevben, ca 1 tum tjocka

4 skivor kokt skinka

2 uns Fontina Valle d'Aosta, skuren i 4 skivor

4 matskedar osaltat smör

1. Bred ut mjölet på en bit vaxpapper. Vispa äggen i en grund skål med salt och peppar efter smak och lägg den bredvid

vaxpappret. Lägg brödsmulorna i en grund tallrik och lägg den bredvid äggen, så alla tre ingredienserna ligger på rad.

2. Placera ett galler över en bricka. Lägg kotletterna på en skärbräda. Skär bort fettet runt kanten på kotletterna. Håll en vass kniv parallellt med skärbrädan och gör en skåra som en ficka i var och en av kotletterna. Stoppa en bit av skinkan och osten i varje kotlett. Klappa kotletterna torra. Doppa kotletterna i mjölet, sedan i äggen, sedan i brödsmulorna, klappa för att täcka kotletterna helt. Lägg kotletterna på gallret för att torka i 15 minuter.

3. I en stekpanna som är tillräckligt stor för att hålla kotletterna i ett enda lager, smält smöret på medelvärme. Tillsätt kotletterna och koka tills de är gyllenbruna och knapriga, cirka 5 minuter. Vänd kotletterna med tång och bryn på andra sidan, ca 4 minuter. För att kontrollera om den är färdig, skär en kotlett i den tjockaste delen nära benet. Köttet ska bara vara rosa. Servera omedelbart.

Kalvkotletter, Milanostil

Costolette alla Milanese

Ger 4 portioner

Även om det ofta görs med kalvkotletter i detta land, i Milano görs kalvkött Milanese med kalvkotletter som dunats tunt. Beläggningen för dessa kotletter är bara ägg och brödsmulor, och den resulterande skorpan är tunnare och mer delikat än i receptet. Dessa kotletter serveras ofta med en hackad tomatsallad.

4 kotletter av kalvrevben, ca 3/4 tum tjocka

1 dl vanligt torrt brödsmulor, gärna hemgjorda

2 stora ägg

1 tsk salt

4 matskedar osaltat smör

1 citron, skuren i klyftor

1. Skär bort fettet runt kanten på kotletterna. Lägg kotletterna mellan två plastfolier. Dunka försiktigt köttet till en 1/4-tums tjocklek.

2.Bred ut brödsmulorna på en bit vaxpapper. Vispa äggen med saltet i en grund tallrik och lägg den bredvid vaxpappret. Doppa kotletterna i äggblandningen, sedan i brödsmulorna, klappa för att täcka kotletterna helt. Lägg kotletterna på ett galler för att torka i 10 minuter.

3.I en stekpanna som är tillräckligt stor för att hålla kotletterna i ett enda lager, smält smöret på medelvärme. När smörskummet avtagit, tillsätt kotletterna och koka tills de är bruna och knapriga, 3 till 4 minuter. Vänd kotletterna med en tång och bryn andra sidan ca 3 minuter.

4.Servera varm med citronklyftor.

Bräserade kalvkotletter

Rustin Negaa

Ger 4 portioner

Milano kan vara kallt och fuktigt på vintern, så rejäla bräserade kötträtter är populära husmanskost. Dessa bräserade kotletter är en typisk måltid på en benhård dag. Servera dem med potatismos.

¼ kopp universalmjöl

Salt och nymalen svartpeppar

2 msk osaltat smör

1 medelstor lök, finhackad

1 morot, finhackad

2 msk hackad pancetta

2 salviablad, hackade

1 2-tums kvist rosmarin

4 kalvkotletter, ca 1 tum tjocka, putsade

½ dl torrt vitt vin

½ dl kycklingbuljong

1. På en bit vaxpapper, blanda ihop mjölet och salt och peppar efter smak.

2. I en stekpanna som är tillräckligt stor för att rymma alla kotletterna i ett enda lager, smält smöret på medelvärme. Klappa kotletterna torra. Doppa kotletterna i mjölet och skaka av överskottet. Tillsätt kotletterna i stekpannan och bryn dem ca 3 minuter. Vänd kotletterna med tång och bryn på andra sidan, ca 2 minuter.

3. Strö ut lök, morot, pancetta, salvia och rosmarin runt kotletterna. Koka tills grönsakerna är mjuka, ca 5 minuter.

4. Tillsätt vin och buljong och låt koka upp. Sänk värmen till låg. Täck över och koka 1 timme, vänd på kotletterna då och då, tills kalvköttet är väldigt mört när det sticks igenom med en gaffel. Tillsätt lite vatten om såsen blir för tjock. Servera varm.

Gryta med kalvkött, potatis och gröna bönor

Spezzatino di Vitello

Ger 4 portioner

Varje italiensk kock har ett recept som detta i sin repertoar. Det lämpar sig för hur många varianter som helst, som att lägga till färska eller frysta ärtor eller limabönor istället för haricots verts, eller klyftor av kålrot eller morötter till potatisen. Eftersom löken kokas i grytan först får kalvköttet aldrig mer än en ljusbrun färg.

2 medelstora lökar, hackade

2 matskedar olivolja

2 pund benfri kalvkött, trimmad och skuren i 2-tums bitar

Salt och nymalen svartpeppar

2 tsk färsk rosmarin

1 vitlöksklyfta, finhackad

2 msk tomatpuré

½ dl torrt vitt vin

3 medelstora potatisar, skalade och skurna i klyftor

12 uns gröna bönor, putsade och skurna i 1-tums längder

1. I en stor gryta, koka löken i oljan på medelvärme, rör om ofta, tills de är mjuka och gyllene, cirka 10 minuter. Lägg i kalvbitarna i grytan. Koka tills de fått lite färg, cirka 15 minuter.

2. Strö över salt och peppar. Tillsätt rosmarin och vitlök. Rör ner tomatpurén. Tillsätt vinet och låt sjuda tills det mesta av vätskan avdunstat, ca 3 minuter.

3. Lägg till potatisen i grytan. Strö över salt och peppar efter smak. Tillsätt 2 dl vatten och låt blandningen koka upp.

4. Sänk värmen. Täck grytan och koka, rör om då och då, 1 timme eller tills kalvköttet är mört när det sticks hål med en gaffel.

5. Tillsätt haricots verts i grytan och låt sjuda ytterligare 10 minuter eller tills allt kött och grönsaker är mört. Smaka av och justera krydda. Servera varm.

Kalvgryta med rosmarin och ärter

Stufato di Vitello

Ger 4 portioner

Kalvkött verkar vara det mest lättillgängliga snittet för stuvning, men chuck är också bra, eller så kan du ersätta inbenade snitt som bröst eller skaft. Utbenade styckningar kommer att ta mycket längre tid att tillaga, även om benen tillför mycket smak till grytan, såväl som kollagen, vilket ger textur och fyllighet till matlagningsvätskan. Jag hade denna gryta på La Campana, en favorit trattoria i Rom.

2 matskedar olivolja

1 1/2 pund benfri kalvkött, putsad och skuren i 2-tums bitar

1 medelstor lök, hackad

3 stora vitlöksklyftor, fint hackade

2 tsk hackad rosmarin

Salt och nymalen svartpeppar

1/2 dl torrt vitt vin

1/2 kopp Kycklingbuljong eller Köttbuljong

2 koppar färska ärtor eller 1 (10-ounce) paket frysta ärtor, delvis tinade

1. I en stor holländsk ugn eller annan djup, tung gryta med ett tättslutande lock, värm oljan på medelhög värme. Tillsätt precis så mycket av kalvbitarna så att de får plats bekvämt i grytan i ett enda lager. Koka, vänd ofta, tills de fått färg på alla sidor, cirka 15 minuter. Överför de brynta bitarna till ett fat. Upprepa med det återstående kalvköttet. När köttet är brynt, lägg tillbaka köttet i grytan.

2. Rör ner lök, vitlök och rosmarin. Strö över salt och peppar efter smak. Tillsätt vinet och låt koka upp. Tillsätt buljongen. Täck pannan och sänk värmen. Sjud kalvköttet, rör om då och då, på låg värme i 1 timme eller tills köttet är mört när det sticks hål med en gaffel. Tillsätt lite vatten om grytan verkar torr.

3. Rör ner ärtorna. Täck över och koka ytterligare 10 minuter. Smaka av och justera krydda. Servera varm.

Kalv- och peppargryta

Stufato di Vitello e Peperoni

Ger 6 portioner

I södra italienska regioner görs grytor som denna av allt kött som finns till hands, och ibland används en blandning. Paprikan och tomaterna ger en saftig smak till mildsmakande kalvkött, men grytan kan också göras med lamm eller fläsk. Ibland lägger jag till en nypa krossad röd paprika eller lite färsk rosmarin till ingredienserna. Mjuk polenta är det perfekta tillbehöret till denna enkla gryta.

¼ kopp olivolja

2 pund benfri kalvkött, trimmad och skuren i 2-tums bitar

2 medelstora lökar, skivade

3 stora röda, gröna eller gula paprikor, skurna i 1/2-tums remsor

1 pund mogna tomater, skalade, kärnade och hackade, eller 2 dl hackade konserverade tomater

Salt och nymalen svartpeppar

1. Värm olivoljan på medelvärme i en stor kastrull. Lägg bara tillräckligt med kalvköttsbitar i pannan så att de får plats bekvämt i ett enda lager utan att trängas. Koka, vänd bitarna ofta, tills de fått färg, cirka 15 minuter. Lägg över de brynta bitarna till en form och upprepa med det återstående kalvköttet.

2. Lägg löken och paprikan i pannan. Koka, rör om ofta, tills grönsakerna vissnat, cirka 5 minuter.

3. Tillsätt kalvkött, tomater och salt och peppar efter smak. Sänk värmen till låg. Täck över och koka 1 timme, rör om då och då, eller tills kalvköttet är mört när det sticks hål med en gaffel. Smaka av och justera krydda. Servera varm.

Kalvgryta med rött vin

Vitello al Vino Rosso

Ger 6 portioner

Jag åt den här kalvgrytan i Piemonte hemma hos vinmakarvänner. De rekommenderar att du använder barbera, ett rött vin från regionen.

Barbera är gjord av barberadruvan, infödd i Piemonte. Den har utmärkelsen att vara den enda italienska druvsort som anses vara feminin, så den kallas la barbera, med den feminina artikeln. Eftersom det är rikt på syra är barbera ett bra vin som passar till många livsmedel och är Piemontesarnas vardagsvin. Byt ut ett annat rejält rött vin om du inte hittar barbera.

¼ kopp universalmjöl

3 pund benfri kalvkött, skuren i 2-tums bitar

2 msk osaltat smör

2 matskedar olivolja

1 medelstor lök, finhackad

2 msk tomatpuré

2 dl torrt rött vin, som barbera eller Chianti

1 dl kyckling- eller nötbuljong

1 stor vitlöksklyfta, finhackad

1 lagerblad

Nypa torkad timjan

Salt och nymalen svartpeppar

1.Lägg mjölet på en plåt med vaxpapper. Klappa kalvköttet torrt och släng sedan kalvköttet med mjölet. Skaka av överskottet.

2.I en stor holländsk ugn eller annan djup, tung gryta med tättslutande lock, smält smöret med oljan på medelvärme. Lägg till precis tillräckligt med kalvbitar för att passa bekvämt i ett enda lager utan att trängas. Koka, vänd bitarna ofta, tills de fått färg på alla sidor, cirka 15 minuter. Överför kalvköttet till ett fat. Koka resterande kalvkött på samma sätt.

3.Tillsätt löken i grytan och koka tills den mjuknat, ca 5 minuter. Rör ner tomatpurén. Tillsätt vinet och koka, skrapa botten av grytan med en träslev tills vinet kokar upp. Lägg tillbaka köttet i pannan och tillsätt buljong, vitlök, örter samt salt och peppar. Täck pannan delvis och sänk värmen till låg.

4. Koka 1 1/2 timme, rör om då och då, tills köttet är mört när det sticks hål med en gaffel. Tillsätt lite mer buljong eller vatten om såsen blir för tjock. Smaka av och justera krydda. Servera varm.

Kalvgulasch med grädde

Gulasch di Vitello

Gör 4 till 6 portioner

En hint av citron smaksätter denna eleganta gryta från Alto Adige. Tekniken skiljer sig något från andra grytor genom att mjölet tillsätts till smaksättningsingredienserna istället för att täcka köttet, vilket gör att grytan verkar lättare.

Örterna knyts ihop i en liten bukett så att de lätt kan tas bort innan servering.

Denna gryta passar bra med kokt potatis, gnocchi eller ris.

2 msk osaltat smör

21/2 pund benfri kalvgryta, putsad och skuren i 11/2-tums bitar

Salt och nymalen svartpeppar

1 medelstor lök, finhackad

2 msk universalmjöl

2 dl kyckling- eller nötbuljong

1 lagerblad

3 kvistar färsk persilja

Några kvistar färsk timjan

2-tums remsa citronskal

¼ kopp tjock grädde

1. I en stor holländsk ugn eller annan djup, tung gryta med tättslutande lock, smält smöret på medelvärme. Lägg till precis tillräckligt med kalvköttsbitar för att passa bekvämt i ett enda lager. Koka tills de fått färg på alla sidor, cirka 15 minuter. Lägg över det brynta köttet till en form. Upprepa med det återstående kalvköttet. Strö över salt och peppar.

2. Tillsätt löken och koka 5 minuter till. Strö över mjölet. Höj värmen till medelhög och koka under konstant omrörning i 2 minuter eller tills mjölet fått färg.

3. Rör ner buljongen, skrapa och blanda i de brynta bitarna i botten av pannan med en träslev. Bind ihop lagerblad, persilja, timjan och citronskal med kökssnöre och tillsätt det i vätskan. Koka upp vätskan och sänk värmen till låg. Täck pannan och koka, rör om då och då, tills köttet är mört när det sticks hål med en gaffel, ca 1 1/2 timme.

4. Ta bort örtbuketten. Rör ner grädden. Sjud utan lock tills den tjocknat, ca 5 minuter. Smaka av och justera krydda. Servera varm.

Kalv-, korv- och svampspett

Spiedini di Vitello

Ger 4 portioner

Om du vill hitta något annat att servera på din nästa grillfest, leta inte längre. Små bitar av kalvkött, korv och svamp är en vinnande kombination, särskilt när de grillas över en vedeld som jag hade dem på Trattoria La Piazza i Toscana. De är också bra tillagade inomhus under broilern.

1 pund benfri kalvkött, putsad och skuren i 1 1/2-tums bitar

2 matskedar olivolja

2 matskedar färsk citronsaft

Salt och nymalen svartpeppar

1 medelstor rödlök, skuren i klyftor och delad i lager

16 vita svampar, sköljda

1 pund italiensk fläskkorv, skuren i 1 1/2-tums bitar

Färska salviablad

Citronklyftor

1. I en stor skål, kombinera kalvkött, olja, citronsaft och salt och peppar efter smak. Täck och marinera minst 1 timme och upp till 3 timmar.

2. Placera en grill eller broilerställ cirka 5 tum från värmekällan. Förvärm grillen eller broilern.

3. Trä upp kalvköttet, löken, svampen, korven och salviabladen växelvis på 8 korta spett.

4. Grilla eller stek spetten, vänd dem ofta, i 6 minuter eller tills de fått färg på alla sidor och korvarna är genomstekta. Servera varm med citronklyftor.

Kalvskaft, Milanostil

Osso Buco alla Milanese

Ger 4 portioner

I Milano är osso buco en klassisk och älskad rätt. Möra skivor av bräserad kalvlägg serveras beströdda med mycket finhackad vitlök, citronskal och ansjovis för att ge ett sista lyft till såsen. Servera osso buco (bokstavligen "ben med ett hål") med små skedar för att ösa ut den välsmakande benmärgen. Seriösa märgälskare kan hitta långa tunna märgskedar för att ta bort varenda bit. Saffransrisotto, Milanostil är det perfekta ackompanjemanget.

¼ kopp universalmjöl

4 (1 1/2 tum tjocka) köttiga skivor kalvlägg

2 msk osaltat smör

1 msk olivolja

Salt och nymalen svartpeppar

1 liten lök, finhackad

½ dl torrt vitt vin

1 kopp skalade, kärnade och hackade färska tomater eller hackade konserverade tomater

1 dl kyckling- eller nötbuljong

2 vitlöksklyftor, fint hackade

2 msk finhackad plattbladspersilja

2 ansjovisfiléer (valfritt)

1 tsk rivet citronskal

1.Bred ut mjölet på en bit vaxpapper. Muddra kalvköttet i mjölet, skaka av överskottet.

2.I en holländsk ugn eller annan djup, tung gryta med tättslutande lock, smält smöret med oljan på medelvärme. Tillsätt kalvköttet och strö över det med salt och peppar. Koka tills de fått färg, cirka 10 minuter. Vänd skivorna med en tång och strö över salt och peppar. Strö löken runt köttet. Koka tills löken är mör och köttet är brynt, ca 10 minuter till.

3.Tillsätt vinet och koka, skrapa upp och blanda i de brynta bitarna i botten av pannan med en träslev. Rör ner tomater och buljong och låt sjuda upp. Sänk värmen till låg och täck pannan delvis.

4. Koka, tråckla köttet ibland med såsen, tills kalvköttet är mört och lossnar från benet när det testas med en gaffel, 1 1/2 till 2 timmar. Om det finns för mycket vätska, ta bort locket och låt det avdunsta.

5. Cirka 5 minuter före servering, blanda ihop vitlök, persilja, ansjovis (om du använder) och citronskalet. Rör ner blandningen i såsen i pannan och tråckla köttet. Servera omedelbart.

Kalvskaft med Barbera

Osso Buco al Vino Rosso

Ger 4 portioner

Även om den milanesiska versionen av osso buco är den mest kända, görs rätten även i andra regioner. Detta är ett recept från Piemonte.

När du köper kalvlägg till osso buco, försök att skära skivor från bakbenen. De är köttigare än de som skärs från förbenen. Leta efter ben med mycket märg.

2 msk osaltat smör

1 msk olivolja

4 (1 1/2 tum tjocka) köttiga skivor kalvlägg

Salt och nymalen svartpeppar

2 morötter, hackade

1 medelstor lök, hackad

1 revbensselleri, hackad

1 dl torrt rött vin som italiensk barbera eller chianti

1 kopp hackade färska eller konserverade tomater

2 tsk hackad färsk timjan, eller 1/2 tsk torkad

1 dl nötbuljong (Köttbuljong)

1. I en stor holländsk ugn eller annan djup, tung gryta med tättslutande lock, smält smöret med oljan på medelvärme. Klappa kalvköttet torrt. Tillsätt kalvköttet i grytan och strö över salt och peppar. Koka, vänd på skaften då och då, tills de fått färg, cirka 10 minuter. Lägg över kalvköttet på en tallrik.

2. Tillsätt morötter, lök och selleri i grytan. Koka, rör ofta, tills de är mjuka och gyllene, cirka 10 minuter.

3. Tillsätt vinet och koka, skrapa pannan med en träslev. Rör ner tomater, timjan och buljong och låt sjuda upp. Lägg tillbaka köttet i grytan.

4. När vätskan sjuder, täck delvis över grytan. Sänk värmen till låg. Koka 11/2 till 2 timmar, vänd på köttet då och då och tråckla med såsen tills köttet är väldigt mört och lossnar från benet när det testas med en gaffel. Om såsen verkar torr, tillsätt lite vatten eller mer buljong i grytan.

5. Överför kalvköttet till ett serveringsfat. Om såsen är tunn, täck över kalvköttet och ställ åt sidan. Ställ grytan över hög värme.

Koka, rör om ofta, tills vätskan är reducerad och lätt sirapslik. Häll såsen över köttet och servera genast.

Kalvskaft med porcini

Stinco di Vitello al Porcini

Gör 6 till 8 portioner

Även om kalvskaft oftare sågas korsvis i skivor för individuella portioner i USA, i regionerna Friuli-Venezia Giulia och Veneto i Italien, lämnas skaftet ofta hel för bräsering eller stekning.

Hela skaftet är en snygg köttbit. Benet fungerar som ett handtag för att göra skivningen lättare, och köttet, skivat parallellt med benet, är smakrikt, mört och fuktigt. Slaktaren måste nog putsa läggen, så se till att beställa dem i förväg. Be att få bort överflödigt ben ovanför och under köttet.

1 uns torkad porcini-svamp

2 hela kalvlägg, putsade som till en stek (ca 2 1/2 pund) och knutna

1/4 kopp olivolja

1 msk osaltat smör

Salt och nymalen svartpeppar

2 morötter, finhackade

1 revbensselleri, finhackad

1 medelstor lök, finhackad

2 vitlöksklyftor, hackade

1 dl torrt vitt vin

1 msk tomatpuré

1 (2-tums) kvist färsk rosmarin

4 färska salviablad

1 lagerblad

1. Lägg svampen i en skål med 1 dl varmt vatten. Låt stå i 30 minuter. Lyft upp svampen ur vätskan och skölj dem väl under rinnande vatten, var särskilt uppmärksam på basen av stjälkarna där jord samlas. Låt rinna av och hacka fint. Sila svampvätskan genom ett papperskaffefilter i en skål. Spara vätskan.

2. I en holländsk ugn som är tillräckligt stor för att hålla kalvläggen sida vid sida, eller en annan djup, tung gryta med tättslutande lock, värm olivoljan med smöret på medelvärme. Tillsätt kalvköttet och koka, vänd på skaften då och då, tills de fått färg, cirka 20 minuter. Strö över salt och peppar.

3. Strö ut svamp, morötter, selleri, lök och vitlök runt skaften och koka tills grönsakerna är mjuka, cirka 10 minuter. Tillsätt det vita vinet och låt puttra i 1 minut. Rör ner tomatpuré, svampvätska och örter. Låt sjuda och koka på låg värme, vänd köttet då och då tills det är väldigt mört och lossnar från benet när det testas med en gaffel, ca 2 timmar. (Tillsätt lite vatten om vätskan avdunstar för snabbt.)

4. Lägg över köttet på ett fat och täck över för att hålla det varmt. Tippa grytan och skumma fettet från safterna. Kassera örterna. Koka safterna tills de tjocknat något.

5. Ta bort strängarna från kalvläggen. Håll varje skaft i benet och skär köttet på längden. Lägg upp skivorna på ett fat och ös upp saften över allt. Servera omedelbart.

Helstekt kalvskaft

Stinco al Forno

Gör 6 till 8 portioner

I Friuli–Venezia Giulia serveras ofta hela kalvskaft bräserade med örter och vitt vin. Komplettera skaften med rostad potatis och brysselkål.

2 msk osaltat smör

1 msk olivolja

2 hela kalvlägg, putsade som till en stek (ca 21/2 pund) och knutna

Salt och nymalen svartpeppar

1/4 dl hackad schalottenlök

6 färska salviablad

1 2-tums kvist rosmarin

1/2 dl torrt vitt vin

1. Sätt ett galler i mitten av ugnen. Värm ugnen till 400°F. I en holländsk ugn som är tillräckligt stor för att hålla köttet i ett enda lager, eller en annan djup, tung gryta med ett tättslutande lock, smält smöret med oljan på medelvärme. Klappa kalvköttet torrt. Tillsätt kalvläggen i pannan. Koka, vänd köttet med en tång, tills det fått färg på alla sidor, cirka 20 minuter. Strö över salt och peppar.

2. Strö ut schalottenlök och örter runt köttet. Koka 1 minut. Tillsätt vinet och låt sjuda i 1 minut.

3. Täck grytan och sätt in den i ugnen. Koka, vänd på köttet då och då, 2 timmar eller tills det är väldigt mört och lossnar från benet. (Tillsätt lite vatten om vätskan avdunstar för snabbt.)

4. Lägg över köttet på ett fat. Ta bort strängarna. Håll varje skaft i benet och skär köttet på längden. Lägg upp skivorna på ett fat och ös upp saften över allt. Servera omedelbart.

Kalvskaft, mormors stil

Brasato di Stinco di Vitello alla Nonna

Gör 6 till 8 portioner

Min vän Maria Colombos familj kom från Friuli och bosatte sig i Toronto, där det finns en stor Friulan befolkning. Det här receptet var en specialitet från hennes mormor Ada.

2 hela kalvlägg, putsade som till en stek (ca 2 1/2 pund)

2 msk osaltat smör

2 matskedar olivolja

Salt och nymalen svartpeppar

2 medelstora morötter, fint hackade

1 medelstor lök, finhackad

2 vitlöksklyftor, hackade

Kvist färsk rosmarin

1 dl torrt vitt vin

1 dl skalade och hackade tomater

2 dl nötbuljong (Köttbuljong)

1. Sätt ett galler i mitten av ugnen. Värm ugnen till 350°F. I en holländsk ugn som är tillräckligt stor för att rymma kalvskaften, eller en annan djup, tung gryta med tättslutande lock, smält smöret med olivoljan på medelvärme. Klappa köttet torrt och lägg det i grytan. Bryn köttet på alla sidor, ca 20 minuter. Strö över salt och peppar.

2. Strö ut morötter, lök, vitlök och rosmarin runt köttet. Koka tills grönsakerna är mjuka, ca 10 minuter till.

3. Tillsätt vinet i grytan och låt sjuda i 1 minut. Tillsätt tomaterna och buljongen.

4. Täck grytan och sätt in den i ugnen. Koka, vänd på köttet då och då, 2 timmar eller tills det är väldigt mört och lossnar från benet. Lägg över köttet på ett fat. (Om såsen är för tunn, låt sjuda vätskan tills den är något reducerad.)

5. Håll varje skaft i benet och skär köttet på längden. Lägg upp skivorna på ett varmt fat. Ringla över lite av såsen. Servera genast, med resten av såsen vid sidan av.

Kalvstek med Pancetta

Vitello Arrosto

Ger 8 portioner

Pancettainpackningen blir krispig när den fuktar och smaksätter denna kalvstek i romersk stil.

4 morötter, skurna i fjärdedelar

2 lökar, skurna i fjärdedelar

2 matskedar olivolja

Salt och nymalen svartpeppar

3 pounds benfri kalvskuldra eller revbensstek, knuten

3 eller 4 kvistar rosmarin

4 skivor pancetta

½ kopp hemlagadKöttbuljongeller köpt nötköttsbuljong

1. Sätt ett galler i mitten av ugnen. Värm ugnen till 350°F.

2. I en stekpanna, blanda ihop morötter, lök, olivolja och salt och peppar efter smak.

3. Strö över kalvköttet med salt och peppar. Stoppa in rosmarinkvistarna under strängarna som håller steken. Rulla upp pancettan och drapera skivorna på längden eller tvärs över kalvköttet. Lägg kalvköttet ovanpå grönsakerna i pannan.

4. Stek kalvköttet i 1 1/2 timme, eller tills innertemperaturen når 140°F mätt med en direktavläst termometer. Överför kalvköttet från pannan till en skärbräda och grönsakerna till ett fat. Täck löst med folie och låt vila 15 minuter.

5. Tillsätt buljongen i pannan. Koka, skrapa botten av pannan med en träslev. Koka i 1 minut.

6. Ta bort strängarna och skiva kalvköttet. Lägg över skivorna på ett fat, lägg i grönsakerna och häll saften över allt. Servera varm.

Kalvkött i tonfisksås

Vitello Tonnato

Ger 6 portioner

Kalvkött täckt i en rik tonfisksås är en klassisk sommarrätt i norra Italien. Byt ut kalvfilé, kalkon- eller kycklingbröst, om du föredrar det. Planera att göra den minst 24 timmar före servering.

Vitello tonnato serveras ibland som förrätt, men jag föredrar det som huvudrätt med gröna bönor och rissallad.

2 liter vatten

2 lökar

2 revbenselleri, skurna

2 morötter, skurna

6 pepparkorn

1 tsk salt

2 pounds benfri kalvkött eller rundstek, putsad och bunden

Sås

2 stora ägg

1 tsk dijonsenap

1 msk citronsaft

Salt

1 kopp extra virgin olivolja

1 burk italiensk tonfisk i olivolja, avrunnen

2 ansjovisfiléer

1 msk kapris, sköljd och avrunnen, plus mer till garnering

Persilja och citronklyftor, till garnering

1. I en stor gryta, kombinera vatten, lök, morötter och pepparkorn. Tillsätt saltet. Koka upp vattnet. Tillsätt kalvköttet. Täck pannan delvis och låt sjuda i 2 timmar, eller tills kalvköttet är mört när det sticks hål med en kniv. Låt köttet svalna i sin buljong.

2. Förbered såsen: Koka äggen i en liten kastrull med kallt vatten så att de täcker 12 minuter. Häll av äggen, låt dem svalna och skala dem sedan. Lägg äggulorna i en matberedare eller mixer. Ställ vitorna åt sidan för annan användning.

3. Tillsätt senap, citronsaft och en nypa salt. Bearbeta tills den är slät. Med processorn igång, tillsätt oljan i en långsam ström.

4. När all olja har tillsatts, blanda i tonfisk, ansjovis och kapris tills den är slät. Smaka av efter smaksättning, tillsätt mer citronsaft eller salt om det behövs.

5. Till servering: Skär kalvköttet i mycket tunna skivor. Bred ut lite av såsen på ett serveringsfat. Gör ett lager kalvkött på fatet utan att överlappa skivorna. Bred på mer av såsen. Upprepa skiktningen, bred ut den återstående såsen över toppen. Täck med plastfolie och kyl i minst 3 timmar eller upp till över natten.

6. Strax innan servering, strö över persilja och kapris. Garnera med citronklyftor.

Bräserad kalvskuldra

Spalla di Vitello Brasato

Ger 6 portioner

Denna gammaldags kalvstek är en idealisk mittpunkt för en minnesvärd söndagsmiddag. Börja måltiden medKrämig blomkålssoppaoch åtfölja kalvköttet medStekt potatis med svampochÅngade tomater. Avsluta måltiden medAmaretto bakade äpplen.

3 pounds benfri kalvstek, knuten

3 matskedar olivolja

2 vitlöksklyftor

1 (2-tums) kvist rosmarin

Salt och nymalen svartpeppar

1 dl torrt vitt vin

1 kopp hemlagadKöttbuljong, eller köpt nötköttsbuljong

1. Ställ in ugnsgallret på mitten av ugnen. Värm ugnen till 350°F.

2. Värm olivoljan på medelvärme i en holländsk ugn eller annan djup, tung gryta med tättslutande lock. Lägg steken i grytan. Bryn köttet väl på alla sidor, ca 20 minuter.

3. Strö över vitlök och rosmarin runt kalvköttet. Strö över köttet med salt och peppar. Tillsätt vinet och låt det sjuda, ca 1 minut. Tillsätt buljongen och täck pannan. Överför den till ugnen.

4. Koka köttet 1 1/2 timme, eller tills köttet är väldigt mört när det sticks hål med en gaffel.

5. Lägg över köttet på en skärbräda. Täck den och låt den vila i 10 minuter. Om det finns för mycket vätska kvar i grytan, ställ grytan ovanpå spisen och koka ner tills den är reducerad. Smaka av med salt och peppar.

6. Ta bort strängarna och skiva köttet och lägg det på ett varmt fat. Skeda på såsen och servera varm.

Kalvfylld kål

Involtini di Verza

Ger 8 portioner

Milanesiska kockar serverar kalvfyllda kålrullar med en enkel rispilaff eller potatismos. Kalvköttet ska vara väldigt finmalt till det här receptet, så jag mal det själv i matberedaren. Skrynkbladig savojkål är mildare och sötare än slätkål, men båda kan användas i detta recept.

16 stora blad savojkål

1 1/2 pund benfri kalvkött, skuren i 2-tums bitar och välputsad

1/2 röd eller gul paprika, hackad

2 stora ägg

3/4 kopp nyriven Parmigiano-Reggiano

2 msk hackad färsk bladpersilja

1/4 tsk nymalen muskotnöt

1 1/2 tsk salt

Nymalen svartpeppar

½ kopp universalmjöl

2 msk osaltat smör

2 matskedar vegetabilisk olja

1 kopp skalade, kärnade och hackade färska tomater eller hackade konserverade tomater

2 koppar hemgjordaKycklingbuljongellerKöttbuljong, eller köpt kyckling- eller nötbuljong

1. Koka upp en stor kastrull med vatten. Tillsätt kålbladen och koka tills de är mjuka och smidiga, ca 2 minuter. Häll av kålen och kyl under rinnande vatten. Torka av bladen och placera dem på en plan yta.

2. Finhacka kalvköttet i en matberedare. Tillsätt paprika, ägg, ost, persilja, muskotnöt samt salt och peppar. Bearbeta tills den är mycket fin.

3. Ös 1/4 kopp av köttblandningen i mitten av varje kålblad. Vik sidorna över köttet och vik sedan över toppen och botten för att bilda ett snyggt paket. Täta på längden med en tandpetare.

4. Lägg mjölet i en grund skål. Smält smöret med oljan på medelvärme i en stor stekpanna. Rulla kålpaketen några åt gången i mjölet och lägg dem sedan i pannan. (Tillsätt precis tillräckligt med rullar för att passa bekvämt i pannan.) Bryn på alla sidor ca 10 minuter. Överför dem till en tallrik. Bryn resten på samma sätt.

5. När alla rullar har överförts till tallriken, tillsätt tomaterna och buljongen i pannan. Krydda med salt och peppar. Lägg tillbaka kålrullarna i pannan. Täck delvis över och koka 40 minuter, vänd rullarna en gång, efter 20 minuter.

6. Överför rullarna till ett serveringsfat. (Om såsen är för tunn, koka såsen tills den tjocknat.) Häll såsen över rullarna och servera varm.

Kalv- och tonfisklimpa

Polpettone di Vitello e Tonno

Ger 8 portioner

Denna brödlimpa från Piemonte-regionen kombinerar smakerna av vitello tonnato (Kalvkött i tonfisksås)—kallt pocherat kalvkött i en tonfisksås—i en köttfärslimpa. Det är bra för en fest eftersom du kan göra det i förväg och servera det i kall rumstemperatur. Servera den på en salladsbädd med små pickles och tomatklyftor bredvid. Den lätta kapris- och citronsåsen här är det vanliga tillbehöret, men du kan ersätta detGrön såsellerCitronmajonnäs.

1 kopp rivet italienskt eller franskt bröd

½ dl mjölk

1 (6½ uns) burk italiensk tonfisk i olivolja, avrunnen

6 ansjovisfiléer, avrunna

2 vitlöksklyftor, fint hackade

1 1/4 pund malet kalvkött

2 stora ägg, vispade

2 msk hackad färsk bladpersilja

Salt och nymalen svartpeppar

Klä på sig

½ kopp extra jungfruolja

2 matskedar färsk citronsaft

2 matskedar kapris, sköljda, avrunna och hackade

1 msk hackad färsk bladpersilja

1. Blötlägg brödet i mjölken tills det är mjukt, ca 5 minuter. Krama ur överflödig vätska och lägg brödet i en stor skål.

2. Hacka tonfisk, ansjovis och vitlök fint. Skrapa ner blandningen i skålen och tillsätt kalvkött, ägg, persilja och salt och peppar efter smak. Blanda mycket väl.

3. Fukta lätt en 14 × 12-tums bit ostduk med vatten. Lägg den på en plan yta. Forma köttblandningen till en 9-tums limpa och centrera den på duken. Linda duken runt limpan, vik in som ett paket och omslut den helt. Med kökssnöre, bind limpan med 2-tums mellanrum som en stek.

4. Fyll en gryta som är tillräckligt stor för att innehålla köttfärslimpan med vatten och låt det koka upp. Lägg i köttfärslimpan, täck grytan halvvägs och koka 45 minuter, vänd på limpan en eller två gånger. Stäng av värmen och låt stå i 15 minuter.

5. Ta bort köttfärslimpan från vätskan och lägg den på ett galler för att rinna av och svalna något. Om du inte är redo att servera den, ta bort ostduken, linda in brödet i plastfolie och ställ i kylen.

6. När du är redo att servera, vispa ihop ingredienserna till dressingen i en liten skål. Packa upp köttfärslimpan och skär i skivor. Lägg upp skivorna på ett fat och ringla över såsen. Servera omedelbart.

Venetiansk lever och lök

Fegato alla Veneziana

Ger 4 portioner

I denna klassiska rätt av Veneto skärs kalvlever i mycket tunna strimlor och fräs med tunt skivad lök. Om du kan, låt slaktaren trimma och skiva kalvköttet åt dig. Servera levern och löken med varmtPolentagjord av vitt majsmjöl.

3 matskedar olivolja

3 stora lökar, tunt skivade

1 1/2 pund kalvlever, putsad och skuren i mycket tunna strimlor

Salt och nymalen svartpeppar

1 msk vitvinsvinäger

1 msk hackad färsk bladpersilja

1. I en stor stekpanna, värm 2 matskedar av oljan på medelvärme. Tillsätt löken och koka, rör om ofta, tills löken är mycket mjuk och gyllene, cirka 15 minuter. Tillsätt eventuellt lite vatten så att de inte får färg.

2. Skrapa löken på en tallrik. Tillsätt den återstående oljan i stekpannan och värm på medelvärme. Tillsätt levern samt salt och peppar efter smak. Höj värmen till hög och koka, rör ofta, tills levern precis tappar sin rosa färg, cirka 5 minuter.

3. Lägg tillbaka löken i pannan och tillsätt vinägern. Rör om tills löken är genomvärmd, ca 3 minuter. Strö över persiljan och servera genast.

Fyllt kalvbröst

Cima alla Genovese

Ger 10 till 12 portioner

Ett benfritt kalvbröst fyllt med köttfärs, grönsaker och ost är en viktig del av julmiddagen i många hem i Genua, även om den också äts under hela året. Kalvköttet skärs i tunna skivor och serveras vanligt eller medGrön sås. Beställ kalvköttet från slaktaren och be honom eller henne att ta bort så mycket fett som möjligt och göra en djup ficka. Att fylla kalvköttet är lite jobbigt, men det går att tillaga flera dagar i förväg, så det passar utmärkt till fest.

Du kommer att behöva en gryta som är tillräckligt stor för att hålla kalvköttet, till exempel en 4- till 5-liters lagergryta eller en stor kalkonrostare. Endera av dessa kan köpas billigt, eller så kan du ordna att låna en av en vän. Du behöver också en robust nål och tandtråd utan smak för att sy fyllningen inuti bröstet.

4 liter kallt vatten

2 morötter

1 revbenselleri

2 medelstora lökar

2 vitlöksklyftor

Några persiljekvistar

1 matsked salt

Fyllning

3 skivor italienskt eller franskt bröd, skorpor borttagna och rivna i bitar (cirka 1/2 kopp)

¼ kopp mjölk

1 pund malet kalvkött

4 stora ägg, vispade

1 kopp nyriven Parmigiano-Reggiano

2 vitlöksklyftor, fint hackade

¼ dl hackad färsk plattbladig persilja

Salt och nymalen svartpeppar

2 koppar färska ärtor eller 1 (10-ounce) paket frysta ärtor, delvis tinade

4 uns skinka i ett stycke, skuren i små tärningar

¼ dl pinjenötter

Ca 5 pund benfritt kalvbröst med ficka, vältrimmat

Radicchio, körsbärstomater, oliver eller inlagda grönsaker till garnering

1. Blanda kallt vatten, morötter, selleri, lök, vitlök, persilja och salt i en kastrull som är tillräckligt stor för att rymma det fyllda kalvbröstet. Koka upp vattnet på medelvärme. Koka i 20 minuter.

2. Förbered under tiden fyllningen: Blanda brödet och mjölken i en liten skål. Låt stå i 5 minuter. Krama försiktigt ihop brödet för att rinna av det.

3. I en stor skål, kombinera bröd, malet kalvkött, ägg, ost, vitlök, persilja och salt och peppar efter smak. Blanda väl. Rör försiktigt ner ärtorna, skinkan och pinjenotterna.

4. Skölj kalvbröstet och torka torrt med hushållspapper. Stoppa blandningen i kalvköttsfickan, fyll den jämnt för att eliminera luftbubblor. (Fyll inte fickan mer än två tredjedelar, annars kan fyllningen spricka ut när den tillagas.) Sy upp öppningen med en stor nål och smaklös tandtråd för tråd. Kontrollera sidorna, och om det finns några öppningar som hotar att låta fyllningen läcka ut, sy dem också stängda.

5. Lägg kalvbröstet på en 12 × 16-tums bit ostduk. Linda duken runt kalvköttet för att bilda ett paket. Bind upp köttrullen med kökssnöre i 2-tums sektioner, som en stek.

6. Sänk försiktigt ner kalvköttet i den sjudande vätskan. Lägg ett litet grytlock eller annat föremål ovanpå kalvköttet för att hålla det under vatten. Tillsätt mer vatten om det behövs, så att det är helt täckt.

7. Låt vätskan sjuda tillbaka. Reglera värmen så att vattnet fortsätter att sjuda. Täck och koka 1 timme. Avtäck och koka 1 till 11/2 timme till, eller tills kalvköttet är mört när det sticks hål med en liten kniv. (Sätt in den genom ostduken.)

8. Ha en stor stekpanna redo. Överför köttrullen till pannan. Täck det inslagna köttet med en bakplåt eller bakplåt. Lägg en tung vikt, som en skärbräda och stora burkar, ovanpå. Kyl i kylen över natten eller upp till 2 dagar.

9. När du är redo att servera, packa upp kalvköttet. Lägg kalvköttet på en skärbräda.

10. Skär kalvköttet i tunna skivor och lägg dem på ett fat. Dekorera med radicchio eller valfri garnering. Servera i svalt rumstemperatur.

Korv och peppargryta

Salsicce i Padella

Ger 4 portioner

Jag kan alltid se när det är en gatumässa i mitt kvarter i New York. Doften av korv, lök och paprika som tillagas på grillen fyller luften långt innan mässan kommer till synen. Samma kombination tillagad i en stekpanna gör en snabb enrättsmåltid. Servera den med ett rustikt rött vin och italienskt bröd.

2 matskedar olivolja

1 pund fläskkorvar i italiensk stil, skurna i 1-tums bitar

1 medelstor lök, skuren i 1-tums bitar

3 medelstora potatisar för alla ändamål, skalade och skurna i 1-tums bitar

1 grön paprika, kärnade och skär i 1-tums bitar

1 röd paprika, kärnade och skär i 1-tums bitar

Salt och nymalen svartpeppar

1. Hetta upp oljan i en stor stekpanna på medelvärme. Lägg i korvarna och bryn väl på alla sidor. Skeda bort överflödigt fett.

2.Tillsätt de återstående ingredienserna i stekpannan. Täck över och koka på låg värme, rör om då och då, tills potatisen är mjuk och korvarna är genomstekta, cirka 20 minuter. Servera varm.

Grillad korv och potatis

Salsicce och Patate al Forno

Ger 4 portioner

Potatisen drar åt sig den kryddiga korvsmaken när den rostas i samma panna. Lägg till några skivade paprika eller svamp för en variation.

4 medelstora universalpotatisar, skalade och skurna i klyftor

1 medelstor lök, halverad och tunt skivad

4 matskedar olivolja

Salt och nymalen svartpeppar

1 pund söt eller varm korv i italiensk stil, skuren i 2 eller 3 bitar

1. Sätt ett galler i mitten av ugnen. Värm ugnen till 450°F.

2. I en stekpanna som är tillräckligt stor för att rymma alla ingredienser utan att tränga ihop sig, släng potatisen med löken, olivoljan och salt och peppar efter smak.

3. Grädda 30 minuter. Ta ut pannan från ugnen. Vänd potatisen och löken. Stoppa in korvbitarna bland grönsakerna. Sätt tillbaka

formen i ugnen och grädda i 20 till 30 minuter till, eller tills korvarna har fått färg och potatisen är mjuk. Servera varm.

Umbrisk korv och linsgryta

Salsicce i Umido

Ger 6 portioner

Korv och linser är en klassisk rätt från Umbrien. Linserna som används där är en liten, brun sort som kallas lenticchie di Castelluccio. Dessa läckra små baljväxter är ihopkopplade med en annan umbrisk specialitet, fläskkorvar gjorda av de mycket uppskattade lokala grisarna, som smulas sönder och tillagas med linserna i en gryta. Även utan de umbriska specialiteterna är detta fortfarande en läcker och mättande rätt.

2 uns pancetta, hackad

1 medelstor lök, hackad

1 revbensselleri, hackad

1 morot, hackad

6 färska salviablad

Nypa krossad röd paprika

2 matskedar olivolja

2 dl linser, plockade över, sköljda och avrunna

1 kopp hackade färska eller avrunna konserverade tomater

Salt

1 pund vanlig fläskkorv i italiensk stil, tarmar borttagna

1. Koka pancetta, lök, selleri, morot, salvia och röd paprika i en stor gryta med oljan på medelvärme. När pancettan är lätt brynt, efter cirka 15 minuter, rör ner linser, tomater och 1 tsk salt. Tillsätt kallt vatten för att täcka med en tum. Låt koka upp. Sjud linserna i 45 minuter.

2. Hacka under tiden korven och lägg den i en medelstor stekpanna. Koka på medelvärme, rör om då och då, tills korvköttet är fint brynt, cirka 10 minuter.

3. När linserna är nästan mjuka, rör ner korven och koka 15 minuter till. Smaka av och justera krydda. Servera varm.

Korv med vindruvor

Salsicce con l'Uva

Ger 4 portioner

Druvor är en söt motpol till rika, välsmakande fläskkorvar. Tillsätt några lätt mosade vitlöksklyftor, om du vill.

1 msk olivolja

1 pund söt fläskkorv i italiensk stil

2 koppar kärnfria röda eller gröna druvor

1. Värm oljan på medelhög värme i en medelstor stekpanna. Lägg i korvarna och bryn väl på alla sidor, ca 10 minuter. Skeda bort överflödigt fett.

2. Strö ut druvorna runt korvarna och koka tills korvarna är genomstekta, 5 till 10 minuter till. Servera varm.

Korv med oliver och vitt vin

Salsicce con Olive

Ger 4 portioner

Den här romerska rätten passar bra tillPaprika med balsamvinäger.

1 msk olivolja

1 pund söt fläskkorv i italiensk stil

½ dl oljetorkade svarta oliver, som Gaeta

1 vitlöksklyfta, tunt skivad

½ dl torrt vitt vin

2 msk hackad färsk bladpersilja

1. Hetta upp oljan i en medelstor stekpanna på medelvärme. Lägg i korvarna och bryn på alla sidor, ca 10 minuter.

2. Tillsätt oliver, vitlök och vin. Sänk värmen. Sjud tills vätskan reducerats och korvarna är genomstekta, ca 10 minuter. Strö över persiljan och servera genast.

Korv med svamp

Salsicce con Funghi

Ger 4 portioner

Basilicata är en av Italiens minsta regioner och historiskt sett en av dess fattigaste. Men skogarna i mitten av regionen ger många typer av vilda svampar. De finaste är porcini – boletus edulis – ofta kallade med sitt franska namn, cèpes. Även om jag hade korv tillagad med färsk porcini där, är rätten också utsökt när den görs med torkad svamp. Servera dessa korvar med polenta eller potatismos.

1 uns torkad porcini-svamp

2 koppar varmt vatten

2 matskedar olivolja

1 pund söta korvar i italiensk stil

1 medelstor lök, finhackad

1 vitlöksklyfta, finhackad

¼ kopp tomatpuré

Salt och nymalen svartpeppar

1. Blötlägg svampen i vattnet i 30 minuter. Ta bort svampen och spara vätskan. Skölj svampen under kallt rinnande vatten för att ta bort eventuellt grus, var särskilt uppmärksam på ändarna på stjälkarna där jord samlas. Hacka svampen grovt. Häll svampvätskan genom en papperskaffefilterfodrad sil i en skål.

2. Värm oljan på medelhög värme i en medelstor stekpanna. Koka korvarna tills de fått färg på alla sidor, ca 10 minuter. Tillsätt lök och vitlök och koka 5 minuter till.

3. Rör ner svampen och tomatpurén. Tillsätt svampvätskan samt salt och peppar efter smak. Låt koka upp. Koka på låg värme, rör om då och då, tills såsen är tjock, cirka 20 minuter. Servera varm.

Korv med Broccoli Rabe

Salsicce con Cima di Rape

Ger 6 portioner

Jag gillar att göra detta med en kombination av söta och varma fläskkorvar i italiensk stil, men båda kan användas för sig. Detta är en bra fyllning för en hjältesmörgås.

3 matskedar olivolja

2 pund varma och/eller söta italienska korvar, skurna i 1 1/2-tums bitar

3 stora vitlöksklyftor, lätt krossade

1 1/2 pund broccoli rabe, skuren i 1-tums bitar.

1/4 kopp vatten

Salt

1. Värm oljan på medelvärme i en stor stekpanna. Lägg till korvarna och vitlöksklyftorna i stekpannan. Koka 10 minuter, vänd korvarna tills de fått färg på alla sidor. (Kassera vitlöken om den börjar bli mer än gyllenbrun.)

2.Tillsätt broccoli rabe och vatten. Strö över salt. Täck pannan och koka 5 minuter eller tills broccolin är mjuk. Servera varm.

Korv med linser

Cotechino med Lenticchie

Ger 8 portioner

Cotechino är en stor fläskkorv ca 8 tum lång och 2 1/2 tum bred. Köttet är subtilt smaksatt med söta kryddor och insvept i fläskskinn, eller cotica, så att det förblir väldigt fuktigt och mört när det tillagas. I Emilia-Romagna och Lombardiet serveras cotechino vanligtvis med linser eller bönor till nyårsdagen. Baljväxterna, som symboliserar mynt, sägs ge lycka för hela året.

Zampone, en stor fläskkorv stoppad i en grisfot, serveras också på detta sätt. Om du inte kan hitta någon av dessa korvar, byt ut en annan stor korv, till exempel fransk vitlökskorv.

1 lök, finhackad

1 morot, finhackad

1 revbensselleri, finhackad

3 matskedar olivolja

1 vitlöksklyfta, finhackad

Nypa krossad röd paprika

1 pund linser, plockade över, sköljda och avrunna

1 kopp hackade färska eller konserverade tomater

5 till 6 koppar vatten

Salt

2 cotechini eller andra stora fläskkorvar, ca 1 pund

1. Koka löken, moroten och sellerin i en stor gryta på medelvärme med olivoljan tills grönsakerna vissnat, cirka 5 minuter.

2. Rör ner vitlök och röd paprika och koka ytterligare 2 minuter. Rör ner linser, tomat, vatten och salt efter smak. Låt koka upp. Sänk värmen och koka cirka 45 minuter, eller tills linserna är mjuka. (Tillsätt mer vatten om linserna verkar torra.)

3. Medan linserna kokar, lägg korvarna i en stor kastrull med vatten för att täcka. Täck pannan delvis och låt koka upp. Koka 45 minuter eller enligt tillverkarens rekommendationer.

4. Överför korven till en skärbräda. Skär korvarna i tjocka skivor. Häll upp linserna på ett varmt serveringsfat. Ordna korvskivorna ovanpå. Servera omedelbart.

Fläsk revben och kål

Spuntature di Maiale e Cavolo

Ger 4 portioner

I Friuli–Venezia Giulia smaksätts fläsk revben och kål, långsamt tillagade tills köttet faller från benet och grönsaken nästan smälter, med smakfulla korvar. Servera med smörig polenta eller potatismos till en rejäl vintermåltid.

2 matskedar olivolja

1½ pund köttiga fläsk revbensspjäll, väl putsade

2 söta fläskkorvar i italiensk stil, skurna i 1-tums bitar

1 stor lök, hackad

½ dl torrt vitt vin

½ strimlad huvudkål (ca 8 koppar)

Salt

1. I en stor holländsk ugn eller annan djup, tung gryta med tättslutande lock, koka fläsk revbenen och korvarna i oljan på medelvärme tills de fått färg på ena sidan, cirka 8 minuter.

2. Vänd köttet med en tång och strö löken runt bitarna. Koka, rör om då och då, tills löken är mjuk och gyllene, cirka 10 minuter.

3. Tillsätt vinet och låt koka upp. Rör ner kålen. Strö över salt. Täck grytan och sänk värmen till låg. Koka, rör om ibland, cirka 1 timme och 30 minuter, eller tills revbensköttet är mycket mört och kommer bort från benet. Lägg över till ett serveringsfat och servera varmt.

Grillade Spareribs

Spuntatura alla Griglia

Gör 4 till 6 portioner

Att grilla eller steka är ett bra sätt att snabbt laga spareribs. Ställ grillgallret eller broilerpannan tillräckligt långt bort från värmekällan så att revbenen inte bränns. Vänd dem ofta så att de kokar jämnt.

3 vitlöksklyftor, fint hackade

1/4 kopp olivolja

1 msk finhackad färsk rosmarin

Nypa krossad röd paprika

Salt

4 pund spareribs, skurna i individuella revben

1. I en grund skål, kombinera vitlök, olja, rosmarin, röd peppar och salt efter smak. Tillsätt revbenen och rör om så att de täcks med marinaden. Täck över och kyl i 3 timmar upp till över natten.

2. Placera en grill eller broiler panna cirka 6 tum bort från värmekällan. Förvärm grillen eller broilern. Grilla eller stek revbenen, vänd dem ofta med en tång, tills de fått färg och genomstekt, cirka 20 minuter. Servera varm.

Kardon i grädde

Cardoni alla Panna

Ger 6 portioner

Dessa kardon puttras i en stekpanna med lite grädde. Parmigiano-Reggiano ger pricken över i:et.

1 citron, halverad

Cirka 2 pund kardon

2 msk osaltat smör

Salt och nymalen svartpeppar

½ kopp tjock grädde

½ dl nyriven Parmigiano-Reggiano

1. Förbered kardonerna som iStekt kardongenom steg 2.

2. Smält smöret på medelvärme i en stor stekpanna. Tillsätt kardon och salt och peppar efter smak. Rör om tills det är täckt med smöret, ca 1 minut.

3. Tillsätt grädden och låt koka upp. Koka tills grädden tjocknat något, ca 1 minut. Strö över ost och servera varm.

Morötter och kålrot med Marsala

Misto di Rape e Carote

Ger 4 portioner

Söt, nötaktigt smakande Marsala förstärker smaken av rotfrukter som morötter och kålrot.

4 medelstora morötter

2 medelstora rovor, eller 1 stor rutabaga

2 msk osaltat smör

Salt

¼ kopp torr Marsala

1 msk hackad färsk bladpersilja

1. Skala morötter och kålrot och skär dem i 1-tums bitar.

2. Smält smöret på medelvärme i en stor stekpanna. Tillsätt grönsakerna och salt efter smak. Koka i 5 minuter, rör om då och då.

3. Tillsätt Marsala. Täck över och koka i 5 minuter till eller tills vinet dunstar bort och grönsakerna är mjuka. Strö över persilja och servera genast.

Salta pajbakelse

Pasta Frolla Salata

Gör ett 9- till 10-tums pajskal

En välsmakande paj som liknar en quiche kan göras med ost, ägg och grönsaker. Dessa pajer är goda i rumstemperatur eller varma, och kan serveras som en piatto unico—en-rätt måltid—eller som förrätt. Denna bakelse är bra för alla typer av salta pajer.

Jag kavlar ut den här degen mellan två ark plastfolie. Det förhindrar att degen fastnar på brädan och kaveln, så det är inte nödvändigt att tillsätta mer mjöl som kan sega degen. För att se till att skorpan blir knaprig i botten förgräddar jag skalet delvis innan jag lägger på fyllningen.

1 1/2 dl universalmjöl

1 tsk salt

1/2 kopp (1 pinne) osaltat smör, vid rumstemperatur

1 äggula

3 till 4 matskedar isvatten

1. Förbered degen: Blanda mjöl och salt i en stor skål. Med en konditormixer eller en gaffel skär du i smöret tills blandningen liknar grova smulor.

2. Vispa äggulan tillsammans med 2 msk av vattnet. Strö blandningen över mjölet. Blanda ihop lätt tills degen är jämnt fuktad och går ihop utan att bli klibbig. Tillsätt resten av vattnet om det behövs.

3. Forma degen till en skiva. Slå in i plastfolie. Kyl 30 minuter eller över natten.

4. Om degen har stått i kylskåp över natten, låt den stå i rumstemperatur 20 till 30 minuter innan du kavlar ut den. Placera degen mellan två ark plastfolie och kavla ut den till en 12-tums cirkel, vänd degen och ordna om plastfolien för varje varv. Ta bort det övre arket av plastfolie. Använd det återstående arket för att lyfta degen, centrera degen med plasten upp i en 9- till 10-tums tårtform med en avtagbar botten. Dra av plastfolien. Tryck försiktigt in degen i botten och längs sidorna.

5. Rulla kaveln över toppen av formen och klipp av den överhängande degen. Tryck degen mot sidan av formen för att

skapa en kant högre än kanten på formen. Kyl bakverksskalet i kylen 30 minuter.

6. Placera ugnsgallret i nedre tredjedelen av ugnen. Värm ugnen till 450°F. Med en gaffel, stick botten av tårtskalet med 1-tums mellanrum. Grädda i 5 minuter, stick sedan i degen igen. Grädda tills precis stelnat, 10 minuter till. Ta bort skalet från ugnen. Kyl på galler i 10 minuter.

Spenat Ricotta Tart

Crostata di Spinaci

Ger 8 portioner

Jag åt en sån här tårta på Ferrara, en favoritrestaurang i Rom. Något som en quiche, den är gjord med ricotta för extra krämighet. Den passar utmärkt till en lunch- eller brunchrätt, serverad med en sallad och kylt pinot grigio-vin.

1 recept Salta pajbakelse

Fyllning

1 pund spenat, putsad och sköljd

¼ kopp vatten

1½ dl hel eller delvis skummad ricotta

½ kopp tjock grädde

¾ kopp nyriven Parmigiano-Reggiano

2 stora ägg, vispade

¼ tsk nyriven muskotnöt

Salt och nymalen svartpeppar

1. Förbered och baka delvis skorpan. Sänk ugnstemperaturen till 375°F.

2. Förbered under tiden fyllningen. Lägg spenaten i en stor gryta på medelvärme med vattnet. Täck över och koka 2 till 3 minuter eller tills vissnat och mjukt. Låt rinna av och svalna. Slå in spenaten i en luddfri trasa och krama ur så mycket vatten som möjligt. Hacka spenaten fint.

3. I en stor skål, vispa ihop spenat, ricotta, grädde, ost, ägg, muskotnöt och salt och peppar efter smak. Skrapa blandningen i det förberedda tårtskalet.

4. Grädda 35 till 40 minuter eller tills fyllningen stelnat och lätt brynt.

5. Kyl tårtan i pannan 10 minuter. Ta bort den yttre kanten och lägg tårtan på ett serveringsfat. Servera varm eller i rumstemperatur.

Purjolökstårta

Crostata di Porri

Gör 6 till 8 portioner

Jag hade denna tårta på en enoteca, eller vinbar, i Bologna. Den nötiga smaken av Parmigiano och grädden förstärker purjolökens söta smak. Den kan också göras med sauterade svampar eller paprika istället för purjolöken.

1 receptSalta pajbakelse

Fyllning

4 medelstora purjolökar, ca 1 1/4 pund

3 matskedar osaltat smör

Salt

2 stora ägg

3/4 kopp tjock grädde

1/3 kopp nyriven Parmigiano-Reggiano

Nyriven muskotnöt

Nymalen svartpeppar

1. Förbered och baka delvis skorpan. Sänk ugnstemperaturen till 375°F.

2. Förbered fyllningen: Skär bort rötterna och det mesta av de gröna topparna på purjolöken. Skär dem på mitten på längden och skölj dem mycket väl mellan varje lager under kallt rinnande vatten. Skär purjolöken i tunna tvärgående skivor.

3. Smält smöret på medelvärme i en stor stekpanna. Tillsätt purjolöken och en nypa salt. Koka, rör ofta, tills purjolöken är mjuk när den stickas hål med en kniv, cirka 20 minuter. Ta kastrullen från värmen och låt svalna.

4. I en medelstor skål, vispa ihop ägg, grädde, ost och en nypa muskotnöt. Rör ner purjolök och peppar efter smak.

5. Skrapa ner blandningen i det delvis gräddade tårtskalet. Grädda 35 till 40 minuter eller tills fyllningen stelnat. Servera varm eller i rumstemperatur.

Smörgåsar med mozzarella, basilika och rostad paprika

Panini di Mozzarella

Gör 2 portioner

Jag gör ibland den här smörgåsen och ersätter ruccola med basilika och prosciutto för röd paprika.

4 uns färsk mozzarellaost, skuren i 8 skivor

4 skivor lantbröd

4 färska basilikablad

¼ dl rostad röd eller gul paprika, skuren i tunna strimlor

1. Putsa mozzarellaskivorna så att de passar brödet. Om mozzarellan är saftig, klappa den torr. Lägg hälften av osten i ett lager på två brödskivor.

2. Ordna basilikabladen och paprikan på osten och toppa med resterande mozzarella. Lägg resten av brödet ovanpå och tryck ner ordentligt med händerna.

3. Förvärm en smörgåspress eller grillpanna med spis. Lägg smörgåsarna i pressen och koka tills de är rostade, cirka 4 till 5 minuter. Om du använder en grillpanna, lägg en tung vikt som en stekpanna ovanpå. Vänd smörgåsarna när de fått färg på ena sidan, täck med vikten och rosta på den andra sidan. Servera varm.

Smörgåsar med spenat och robiola

Panino di Spinaci och Robiola

Gör 2 portioner

Focaccia ger fin smak och konsistens till pressad panini. Andra gröna kan ersätta spenaten, eller använd överblivna grönsaker. Till osten använder jag gärna robiola, en mjuk krämig ost gjord på ko-, get- eller fårmjölk, eller en kombination, från Piemonte och Lombardiet. Andra möjligheter är färsk getost eller till och med vispad färskost. Tillsätt en droppe eller två tryffelolja till fyllningen för en jordig smak och en touch av lyx.

1 (10-ounce) förpackning färsk spenat

4 uns färsk robiola, eller ersätta getost

Tryffelolja (valfritt)

2 portionsstora rutor eller klyftor av färsk focaccia

1. Lägg spenaten i en stor gryta på medelvärme med 1/4 dl vatten. Täck över och koka 2 till 3 minuter eller tills vissnat och mjukt. Låt rinna av och svalna. Slå in spenaten i en luddfri trasa och krama ur så mycket vatten som möjligt.

2. Finhacka spenaten och lägg den i en medelstor skål. Tillsätt osten och mosa ner spenaten i osten. Tillsätt en droppe eller två tryffelolja om du vill.

3. Med en lång tandad kniv skär du försiktigt focaccia på mitten horisontellt. Bred ut blandningen på insidan av de nedre halvorna av focaccia. Lägg topparna på smörgåsarna och platta till försiktigt.

4. Förvärm en smörgåspress eller grillpanna med spis. Om du använder en press, lägg smörgåsarna i pressen och koka tills de är rostade, cirka 4 till 5 minuter. Om du använder en grillpanna, lägg smörgåsarna på pannan, sedan en tung vikt, såsom en stekpanna, ovanpå.

5. När de fått färg på ena sidan, vänd smörgåsarna, täck med vikten och rosta på den andra sidan. Servera varm.

Riviera Sandwich

Panino della Riviera

Ger 4 portioner

Den geografiska gränsen som skiljer Italien och Frankrike betyder inte också en skillnad i maten som äts på båda sidor. Med sitt liknande klimat och geografi delar människor som bor längs de italienska och franska kusterna mycket liknande matvanor. Ett exempel är den franska pan bagnat och italiensk pane bagnato, som betyder "badat bröd", som ibland kallas en Riviera-smörgås i Italien. Denna rejäla smörgås, badad i en livlig vinägrettdressing, är fylld med tonfisk och rostad paprika i Frankrike. På den italienska sidan av gränsen står mozzarella för tonfisken, och ansjovis tillsätts, men resten är ungefär detsamma. Det här är den perfekta smörgåsen att ta med på en picknick, eftersom smakerna gifter sig väl, och den blir bara bättre som den står.

1 limpa italienskt bröd, ca 12 tum långt

Klä på sig

1 vitlöksklyfta, mycket fint hackad

¼ kopp olivolja

2 matskedar vinäger

½ tsk torkad oregano, smulad

Salt och nymalen svartpeppar

2 mogna tomater, skivade

1 (2-ounce) burk ansjovis

8 uns skivad mozzarella

2 skalade och kärnade rostade paprika med saften

12 oljetorkade oliver, urkärnade och hackade

1. Skär brödlimpan på mitten på längden och ta bort det mjuka brödet inuti.

2. I en liten skål, vispa ihop ingredienserna till dressingen och häll hälften av dressingen över de skurna sidorna av brödet. Varva den nedre halvan av brödet med tomater, ansjovis, mozzarella, rostad paprika och oliver, ringla över varje lager med lite av dressingen.

3. Lägg toppen på smörgåsen och tryck ihop den. Slå in i folie och täck med en bräda eller tjock panna. Låt stå i rumstemperatur upp till 2 timmar eller förvara i kylen över natten.

4.Skiva i 3-tums breda smörgåsar. Servera i rumstemperatur.

Tonfisk och rostad paprika Triangelsmörgåsar

Tramezzini al Tonno e Peperoni

Gör 3 smörgåsar

Några av samma smaker av den rejäla Rivierasmörgåsen letar sig in i denna delikata triangelsmörgås som jag smakade på ett romerskt favoritkafé. Tonfisken kryddades med fänkålsfrön, men jag gillar att ersätta fänkålspollen, som inte är något annat än malda fänkålsfrön, men har mer smak. Många kockar använder det nu för tiden, och det kan hittas i gourmetbutiker som specialiserar sig på torkade örter samt på webbplatser. Om du inte hittar fänkålspollen, byt ut fänkålsfrön som du kan mala själv i en kryddkvarn eller hacka med en kniv.

1 liten rostad röd paprika, avrunnen och skär i tunna strimlor

Extra virgin olivolja

Salt

1 (3 1/2-ounce) burk italiensk tonfisk packad i olivolja

2 msk majonnäs

1 till 2 teskedar färsk citronsaft

1 msk hackad salladslök

1 tsk fänkålpollen

4 skivor vitt smörgåsbröd av god kvalitet

1. Släng den rostade paprikan med lite olja och salt.

2. Häll av tonfisken och lägg den i en skål. Mosa tonfisken väl med en gaffel. Blanda i majonnäs, citronsaft efter smak och salladslök.

3. Fördela tonfisken på två av brödskivorna. Toppa med pepparstrimlorna. Täck med resten av brödet, tryck ner något.

4. Med en stor kockkniv, putsa bort brödskorporna. Skär smörgåsarna på mitten diagonalt för att bilda två trianglar. Servera omedelbart eller täck tätt med plastfolie och ställ i kylen tills den ska serveras.

Prosciutto och fikontriangelsmörgåsar

Tramezzini di Prosciutto e Fichi

Gör 2 smörgåsar

Prosciuttons sälta och fikonmarmeladens sötma ger en behaglig kontrast i denna smörgås. Den är väldigt god som förrätt om du skär den i fjärdedelar. Servera den med mousserande Prosecco.

Osaltat smör, i rumstemperatur

4 skivor vitt smörgåsbröd av god kvalitet

Ca 2 msk fikonmarmelad

4 tunna skivor importerad italiensk prosciutto

1. Bred lite smör på ena sidan av varje brödskiva. Bred ca 2 tsk fikonmarmelad över smöret på varje skiva.

2. Lägg två skivor prosciutto på hälften av skivorna. Lägg de återstående brödskivorna med syltsidan nedåt på prosciutton.

3. Med en stor kockkniv, putsa bort brödskorporna. Skär smörgåsarna på mitten diagonalt för att bilda två trianglar. Servera omedelbart eller täck med plastfolie och ställ i kylen.

Amaretto bakade äpplen

Mele al'Amaretto

Ger 6 portioner

Amaretto är en söt likör; amaretti är krispiga kakor. Båda dessa italienska produkter är smaksatta med två sorters mandel - den välbekanta sorten, plus en lite bitter mandel som inte äts på egen hand, även om den ofta används i Italien för att smaksätta desserter. Amaro betyder "bitter", och både likören och kakorna har fått sitt namn från dessa mandlar. Båda är allmänt tillgängliga - kakorna i specialbutiker och via postorder och likören i många spritbutiker.

Det mest kända märket av amaretti-kakor är förpackade i distinkta röda burkar eller lådor. Kakorna slås in parvis i pastellpapper. Det finns andra märken av amaretti som packar kakorna lösa i påsar. Jag har alltid amaretti i huset. De håller länge och är goda till en kopp te, eller som ingrediens i en rad söta och salta rätter.

Gyllene läckra är de äpplen jag föredrar att baka. De lokalt odlade är söta och krispiga, men de håller formen fint när de bakas.

6 baka äpplen, såsom gyllene läckra

6 amarettikakor

6 matskedar socker

2 msk osaltat smör

6 matskedar amaretto eller rom

1. Sätt ett galler i mitten av ugnen. Värm ugnen till 375°F. Smöra en ugnsform precis stor nog att hålla äpplena stående.

2. Ta bort äppelkärnorna och skala äpplena ungefär två tredjedelar av vägen ner från stjälkändan.

3. Lägg amarettikakorna i en plastpåse och krossa dem försiktigt med ett tungt föremål, till exempel en kavel. Blanda smulorna med socker och smör i en medelstor skål.

4. Stoppa lite av blandningen i mitten av varje äpple. Skeda amaretton över äpplena. Häll 1 dl vatten runt äpplena.

5. Grädda 45 minuter eller tills äpplena är mjuka när de sticks igenom med en kniv. Servera varm eller i rumstemperatur.

Livias äppelkaka

Torta di Mele alla Livia

Ger 8 portioner

Min vän Livia Colantonio bor i Umbrien på en gård som heter Podernovo. Gården föder upp Chianina-boskap, odlar en mängd olika vindruvor och flaskar vin under Castello delle Regine-etiketten.

Gästerna kan bo i ett av de vackert restaurerade pensionat i Podernovo, som ligger bara 45 minuter från Rom, och njuta av en vilsam semester. Livia gör denna enkla men sensationella "kaka" som alltid är god efter en höst- eller vintermåltid. Det är inte en kaka i traditionell mening, för den är nästan helt gjord av äpplen, med bara några kaksmulor mellan lagren för att hålla en del av fruktjuicerna. Servera den med en klick vispgrädde eller romrussinglass.

Du behöver en rund form eller ugnsform 9 tum bred och 3 tum djup. Använd en kakform, eller en gryta eller suffléform, men använd inte en springform eftersom äppeljuicen kommer att läcka ut.

12 amarettikakor

3 pounds golden delicious, Granny Smith eller andra fasta äpplen (cirka 6 stora)

½ kopp socker

1. Lägg amarettikakorna i en plastpåse och krossa dem försiktigt med ett tungt föremål, till exempel en kavel. Du bör ha ca 3/4 kopp smulor.

2. Skala äpplena och skär dem i fjärdedelar på längden. Skär kvartarna i 1/8-tums tjocka skivor.

3. Sätt ett galler i mitten av ugnen. Värm ugnen till 350°F. Smöra generöst en 9 × 3-tums rund bakplåt eller en rörform. Klä botten av formen med en cirkel av bakplåtspapper. Smöra pappret.

4. Gör ett lager av äpplen som överlappar något i botten av pannan. Strö över lite av smulorna och sockret. Varva lager av de återstående äppelskivorna i pannan med resterande smulor och socker. Äppelklyftorna behöver inte ordnas snyggt. Lägg ett ark folie över toppen, forma det över kanten på pannan.

5. Grädda äpplena 1 1/2 timme. Avtäck och grädda i 30 minuter till eller tills äpplena är mjuka när de genomborras med en kniv och minskat i volym. Överför pannan till ett galler. Låt svalna i minst 15 minuter. Kör en kniv runt kanten på pannan. Håll pannan

med en grytlapp i ena handen och placera en platt serveringsfat över pannan. Vänd på dem båda så att äpplena överförs till tallriken.

6. Servera i rumstemperatur, skär i klyftor. Täck med en upp och ned bunke och förvara i kylen upp till 3 dagar.

Aprikoser i citronsirap

Albicocche al Limone

Ger 6 portioner

Perfekt mogna aprikoser behöver egentligen ingen förbättring, men om du har några som är mindre än perfekta, prova att laga dem i en enkel citronsirap. Servera de pocherade aprikoserna kylda, eventuellt med vispgrädde med amarettosmak.

1 kopp kallt vatten

¼ kopp socker, eller efter smak

2 (2-tums) remsor citronskal

2 matskedar färsk citronsaft

1 pund aprikoser (ca 8)

1. I en kastrull eller stekpanna som är tillräckligt stor för att hålla aprikoshalvorna i ett enda lager, kombinera vatten, socker, skal och juice. Låt sjuda på medelhög värme och koka, snurra pannan en eller två gånger, i 10 minuter.

2. Följ linjen på aprikoserna, skär dem på mitten och ta bort gropar. Lägg halvorna i den sjudande sirapen. Koka, vänd en gång, tills frukten är mjuk, cirka 5 minuter.

3. Låt aprikoserna svalna kort i sirapen, täck sedan över och förvara i kylen. Servera kyld.

Bär med citron och socker

Frutti di Bosco al Limone

Ger 4 portioner

Färsk citronsaft och socker tar fram all smak av bär. Prova detta med bara en bärsort eller en kombination. Toppa de dressade bären med en kula citronglass eller sorbet om du vill.

En av mina favoritbär, den lilla vilda jordgubben (fragoline del bosco), är vanlig i Italien men inte allmänt tillgänglig här. Vilda jordgubbar har en aptitretande jordgubbarom och är lätta att odla i en blomkruka. Frön är tillgängliga från många katalogföretag, och du kan köpa plantorna på många plantskolor här i USA.

1 dl skivade jordgubbar

1 dl björnbär

1 dl blåbär

1 dl hallon

Färskpressad citronsaft (ca 2 matskedar)

Socker (ca 1 matsked)

1.I en stor skål, släng försiktigt ihop bären. Ringla över citronsaft och socker efter smak. Smaka av och justera krydda.

2.Lägg bären i grunda serveringsfat. Servera omedelbart.

Jordgubbar med balsamvinäger

Fragole al Balsamico

Gör 2 portioner

Om du kan hitta de små vilda jordgubbarna som på italienska kallas fragoline del bosco, använd dem i denna dessert. Men även vanliga färska jordgubbar kommer att ha nytta av en snabb marinering i lagrad balsamvinäger. Som ett stänk färsk citronsaft på en fiskbit, eller salt på en biff, förbättrar den intensiva söta och syrliga smaken av balsamvinäger många livsmedel. Tänk på det som en krydda snarare än som en vinäger.

Du kommer förmodligen att behöva köpa lagrad balsamvinäger i en specialaffär. I New York-området är en av mina favoritkällor Di Palo Fine Foods på Grand Street i Little Italy (se Källor). Louis Di Palo är ett vandrande uppslagsverk om balsamvinäger, liksom nästan vilken annan livsmedelsprodukt som helst som importeras från Italien. Första gången jag bad om balsamico tog han fram flera flaskor och erbjöd alla i butiken prover medan han förklarade var och en.

Den bästa balsamicon görs i provinserna Modena och Reggio i Emilia-Romagna. Slät, komplex och sirapsliknande smakar den mer som en rik likör än en hård vinäger, och den dricks ofta som en godis. Leta efter orden Aceto Balsamico Tradizionale på etiketten. Även om det är dyrt, räcker lite långt.

1 pint vilda eller odlade jordgubbar, skivade om de är stora

2 matskedar lagrad balsamvinäger av bästa kvalitet, eller efter smak

2 matskedar socker

I en medelstor skål, släng jordgubbarna med vinäger och socker. Låt stå 15 minuter innan servering.

Hallon med mascarpone och balsamvinäger

Lampone med Mascarpone och Balsamico

Ger 4 portioner

Skölj alltid ömtåliga hallon precis innan du är redo att använda dem - om du sköljer dem tidigare kan fukten göra att de förstörs snabbare. Innan du serverar dem, titta på dem och kassera de som visar tecken på mögel. Förvara bären i en otäckt grund behållare i kylskåpet, men använd dem så snart som möjligt efter att du köpt dem, eftersom de försämras snabbt.

Mascarpone är en tjock, slät kräm som kallas ost, även om den bara har den minsta ostliknande känslan. Den har en konsistens som liknar gräddfil, eller något tjockare. Om du föredrar det kan crème fraîche, ricotta eller gräddfil ersättas.

1 1/2 dl mascarpone

Ca 1/4 dl socker

1 till 2 matskedar lagrad balsamvinäger av bästa kvalitet

2 dl hallon, lätt sköljda och torkade

1. I en liten skål, vispa mascarpone och socker tills det är väl blandat. Rör ner balsamvinägern efter smak. Låt stå i 15 minuter och rör om igen.

2. Fördela hallonen mellan 4 bägare eller serveringsskålar. Toppa med mascarpone och servera genast.

Körsbär i Barolo

Ciliege al Barolo

Ger 4 portioner

Här puttras söta, mogna körsbär i Piemontestil i Barolo eller ett annat fylligt rött vin.

¾ kopp socker

1 dl Barolo eller annat torrt rött vin

1 pund mogna söta körsbär, urkärnade

1 kopp tung eller vispgrädde, väl kyld

1. Minst 20 minuter innan du är redo att vispa grädden, ställ en stor skål och visparna från en elmixer i kylen.

2. Blanda sockret och vinet i en stor kastrull. Låt koka upp och koka i 5 minuter.

3. Tillsätt körsbären. När vätskan har börjat sjuda, koka tills körsbären är mjuka när de stickas hål med en kniv, cirka 10 minuter till. Låt svalna.

4. Strax innan servering tar du ut skålen och visparna ur kylen. Häll ner grädden i bunken och vispa grädden på hög hastighet tills den håller formen mjukt när visparna lyfts, ca 4 minuter.

5. Häll upp körsbären i serveringsskålar. Servera i rumstemperatur eller lätt kyld med vispgrädde.

Varma rostade kastanjer

Caldarroste

Ger 8 portioner

St Martins dag, den 11 november, firas över hela Italien med varma rostade kastanjer och nygjort rött vin. Firandet markerar inte bara högtidsdagen för ett älskat helgon som var känt för sin vänlighet mot de fattiga, utan också slutet på växtsäsongen, dagen då jorden går i vila för vintern.

Rostade kastanjer är också en klassisk finish på vinterns semestermåltider i hela Italien. Jag satte in dem i ugnen för att laga mat när vi äter middag, och när vi är klara med vår huvudrätt är de redo att ätas.

1 pund färska kastanjer

1. Sätt ett galler i mitten av ugnen. Värm ugnen till 425°F. Skölj kastanjerna och klappa dem torra. Lägg kastanjerna med platt sidan nedåt på en skärbräda. Skär försiktigt ett X på toppen av varje med spetsen på en liten vass kniv.

2. Lägg kastanjerna på ett stort ark av kraftig aluminiumfolie. Vik ena änden över den andra för att omsluta kastanjerna. Vik

ändarna för att täta. Lägg paketet i en ugnsform. Rosta kastanjerna tills de är mjuka när de sticks igenom med en liten kniv, cirka 45 till 60 minuter.

3. Överför foliepaketet till ett kylställ. Låt kastanjerna vara inlindade i folien i 10 minuter. Servera varm.

Fikonkonserver

Marmellata di Fichi

Gör 1 1/2 pints

Fikonträd, både tama och vilda, växer över hela Italien, förutom i de nordligaste regionerna där det är för kallt. Eftersom de är så söta och allmänt tillgängliga används fikon i många desserter, särskilt i södra Italien. Mogna fikon håller sig inte bra, så när de är rikliga på sensommaren bevaras de på flera olika sätt. I Puglia kokas fikonen med vatten för att göra tjock, söt sirap som används till efterrätter. Fikon torkas också i solen eller förvandlas till fikonkonserver.

En liten sats fikonkonserver är lätt att göra och kan förvaras en månad i kylen. För längre lagring bör sylten konserveras (enligt säkra konserveringsmetoder) eller frysas. Servera den som ett komplement till en osträtt eller till frukost på smörat valnötsbröd.

1 1/2 pund färska mogna fikon, sköljda och torkade

2 koppar socker

2 remsor citronskal

1. Skala fikonen och skär dem i fjärdedelar. Lägg dem i en medelstor skål med socker och citronskal. Blanda väl. Täck över och kyl över natten.

2. Nästa dag överför du innehållet i skålen till en stor tjock kastrull. Låt sjuda på medelvärme. Koka, rör om då och då, tills blandningen tjocknar något, cirka 5 minuter. För att testa om blandningen är tillräckligt tjock, placera en droppe av den något kylda vätskan mellan tummen och pekfingret. Om blandningen bildar en tråd när tummen och fingret är något åtskilda, är konserverna klara.

3. Häll upp i steriliserade burkar och förvara i kylen upp till 30 dagar.

Chokladdoppade fikon

Fichi al Cioccolato

Gör 8 till 10 portioner

Fuktiga torkade fikon fyllda med nötter och doppade i choklad är trevliga som en liten godbit efter middagen.

Jag gillar att köpa kanderat apelsinskal på Kalustyan's, en butik i New York City som specialiserar sig på kryddor, torkad frukt och nötter. Eftersom de säljer mycket av det är det alltid fräscht och smakfullt. Många andra specialbutiker säljer gott kanderat apelsinskal. Du kan också beställa den via post (seKällor). Supermarket kanderade apelsinskal och andra frukter hackas i små bitar och är vanligtvis torra och smaklösa.

18 fuktiga torkade fikon (ca 1 pund)

18 rostade mandlar

1/2 kopp kanderat apelsinskal

4 uns bittersöt choklad, hackad eller bruten i små bitar

2 msk osaltat smör

1. Klä en bricka med vaxpapper och ställ ett galler ovanpå. Gör en liten skåra i basen av varje fikon. Sätt i en mandel och en bit apelsinskal i fikonen. Nyp ihop skåran.

2. Smält chokladen och smöret i den övre halvan av en dubbelkokare ställd över sjudande vatten, ca 5 minuter. Ta av från värmen och rör om tills det är slätt. Låt stå i 5 minuter.

3. Doppa varje fikon i den smälta chokladen och lägg på gallret. När alla fikon har doppats, ställ brickan i kylen för att stelna chokladen, ca 1 timme.

4. Lägg fikonen i en lufttät behållare, separera varje lager med vaxpapper. Förvaras i kylen upp till 30 dagar.

Fikon i vinsirap

Fichi alla Contadina

Ger 8 portioner

Torkade calimyrna och missionsfikon från Kalifornien är fuktiga och fylliga. Båda varianterna kan användas för detta recept. Efter pochering är de goda som de är, eller serveras med glass eller vispgrädde. De passar även bra till gorgonzolaost.

1 kopp vin santo, Marsala eller torrt rött vin

2 matskedar honung

2 (2-tums) remsor citronskal

18 fuktiga torkade fikon (ca 1 pund)

1. I en medelstor kastrull, kombinera vin santo, honung och citronskal. Låt sjuda på låg värme och koka 1 minut.

2. Tillsätt fikonen och kallt vatten så att det täcker. Koka upp vätskan på låg värme och täck grytan. Koka tills fikonen är mjuka, ca 10 minuter.

3.Överför fikonen från grytan till en skål med en hålslev. Koka vätskan utan lock tills den reducerats och tjocknat något, cirka 5 minuter. Häll sirapen över fikonen och låt svalna. Kyl minst 1 timme och upp till 3 dagar. Servera lätt kyld.

Doras bakade fikon

Fichi al Forno

Gör 2 dussin

Torkade fikon fyllda med nötter är en specialitet från Pugliese. Det här receptet kommer från min vän Dora Marzovilla, som serverar dem som en godbit efter middagen på sin familjs restaurang i New York, I Trulli. Servera fikonen med ett glas dessertvin, som Moscato di Pantelleria.

24 fuktiga torkade fikon (ca 1 1/2 pund), stjälkändar borttagna

24 rostade mandlar

1 msk fänkålsfrön

1/4 dl lagerblad

1. Sätt ett galler i mitten av ugnen. Värm ugnen till 350°F. Ta bort de hårda skaftändarna från varje fig. Skär en skåra i basen av fikonen med en liten kniv. Sätt i en mandel i fikonen och nyp ihop skåran.

2. Ordna fikonen på en bakplåt och grädda 15 till 20 minuter eller tills de fått lite färg. Låt svalna på galler.

3. Gör ett lager av fikonen i en 1 liter lufttät plast- eller glasbehållare. Strö över några av fänkålsfröna. Toppa med ett lager lagerblad. Upprepa skiktningen tills alla ingredienser är använda. Täck över och förvara svalt (men inte i kylen) minst 1 vecka innan servering.

Honungsdagg i mintsirap

Melone alla Menta

Ger 4 portioner

Efter en stor fiskmiddag på en restaurang vid havet på Sicilien, serverades vi denna coola kombination av honungsmelon badad i en färsk myntasirap.

1 kopp kallt vatten

½ kopp socker

½ kopp packade färska grönmyntablad, plus mer till garnering

8 till 12 skivor skalad mogen honungsmelon

1. Blanda vatten, socker och myntablad i en kastrull. Låt sjuda och koka i 1 minut eller tills bladen vissnat. Ta bort från värmen. Låt svalna och för sedan sirapen genom en finmaskig sil i en skål för att sila bort myntabladen.

2. Lägg melonen på ett serveringsfat och häll sirapen över melonen. Kyl i kylen en kort stund. Servera garnerad med myntablad.

Apelsiner i apelsinsirap

Arancia Marinate

Ger 8 portioner

Saftiga apelsiner i en söt sirap är en perfekt efterrätt efter en riklig måltid. Jag gillar särskilt att servera dessa på vintern när färska apelsiner är som bäst. Arrangerade på ett fat ser apelsinerna väldigt vackra ut med sin topping av apelsinskalremsor och glittrande sirap. Som en variant, skär apelsinerna i klyftor och kombinera dem med skivad mogen ananas. Servera apelsinsåsen över allt.

8 stora navelapelsiner

11/4 dl socker

2 msk apelsinbrandy eller likör

1. Skrubba apelsinerna med en borste. Klipp av ändarna. Med en grönsaksskalare, skala av den färgade delen av apelsinskalet (skalet) i breda strimlor. Undvik att gräva i den bittra vita märgen. Stapla skalremsorna och skär dem i smala tändsticksbitar.

2. Ta bort det vita kärnan från apelsinerna. Lägg apelsinerna på ett serveringsfat.

3. Koka upp en liten kastrull med vatten. Tillsätt apelsinskalet och låt sjuda upp. Koka 1 minut. Häll av skalet och skölj under kallt vatten. Upprepa. (Detta hjälper till att ta bort lite av bitterheten från skalet.)

4. Häll sockret och 1/4 dl vatten i en annan liten kastrull på medelvärme. Låt blandningen koka upp. Koka tills sockret har smält och sirapen tjocknar, ca 3 minuter. Rör ner apelsinskalet och koka ytterligare 3 minuter. Låt svalna.

5. Tillsätt apelsinkonjak till innehållet i grytan. Ta bort apelsinskalet från sirapen med en gaffel och lägg det ovanpå apelsinerna. Skeda på sirapen. Täck över och kyl upp till 3 timmar tills den ska serveras.

Apelsiner gratinerade med Zabaglione

Arancia allo Zabaglione

Ger 4 portioner

Gratiné är ett franskt ord som betyder att bryna ytan på en maträtt. Vanligtvis gäller det för salta livsmedel som strös med brödsmulor eller ost för att hjälpa dem att få färg.

Zabaglione serveras vanligtvis vanlig eller som en sås till frukt eller kaka. Här skedas den över apelsiner och steks kort tills den får lite färg och bildar en krämig topping. Bananer, kiwi, bär eller andra mjuka frukter kan också tillagas på detta sätt.

6 navelapelsiner, skalade och tunt skivade

Zabaglione

1 stort ägg

2 stora äggulor

⅓ kopp socker

⅓ kopp torr eller söt Marsala

1. Förvärm broilern. Lägg apelsinskivorna i en eldfast ugnsform, överlappa något.

2. Förbered zabaglione: Fyll en liten kastrull eller botten av en dubbelpanna med 2 tum vatten. Låt det sjuda på svag värme. Kombinera ägget, äggulorna, sockret och Marsala i en skål som är större än kanten på pannan eller toppen av dubbelkokaren. Vispa med en handhållen elvisp tills det skummar. Lägg över kastrullen med sjudande vatten. Vispa tills blandningen är blekfärgad och håller en mjuk form när visparna lyfts, ca 5 minuter.

3. Fördela zabaglione över apelsinerna. Lägg skålen under broilern i 1 till 2 minuter eller tills zabaglionen är brynt i fläckar. Servera omedelbart.

Vita persikor i Asti Spumante

Pesche Bianche i Asti Spumante

Ger 4 portioner

Asti Spumante är ett sött, mousserande dessertvin från Piemonte i nordvästra Italien. Den har en delikat apelsinblomsmak och arom som kommer från muscatdruvor. Om du inte kan hitta vita persikor, kommer gula persikor att fungera bra eller ersätta en annan sommarfrukt, som nektariner, plommon eller aprikoser.

4 stora mogna vita persikor

1 matsked socker

8 uns kyld Asti Spumante

1. Skala och kärna ur persikorna. Skär dem i tunna skivor.

2. Kasta persikorna med sockret och låt stå i 10 minuter.

3. Skeda persikorna i bägare eller parfaitglas. Häll på Asti Spumante och servera genast.

Persikor i rött vin

Pesche al Vino Rosso

Ger 4 portioner

Jag minns att jag såg min farfar skära upp sina egenodlade vita persikor för att dra i en kanna rött vin. De söta persikojuicerna tämde eventuell strävhet i vinet. Vita persikor är min favorit, men gula persikor eller nektariner är också gott.

1/3 dl socker, eller efter smak

2 dl fruktigt rött vin

4 mogna persikor

1. I en medelstor skål, kombinera socker och vin.

2. Skär persikorna på mitten och ta bort kärnorna. Skär persikorna i lagom stora bitar. Rör ner dem i vinet. Täck och ställ i kylen 2 till 3 timmar.

3. Häll persikorna och vinet i bägare och servera.

Amaretti-fyllda persikor

Pesche al Forno

Ger 4 portioner

Detta är en favoritdessert från Piemonte. Servera den med dryg grädde eller toppad med en kula glass.

8 medelstora persikor, inte för mogna

8 amarettikakor

2 msk mjukat osaltat smör

2 matskedar socker

1 stort ägg

1. Sätt ett galler i mitten av ugnen. Värm ugnen till 375°F. Smöra en ugnsform som är tillräckligt stor för att hålla persikohalvorna i ett enda lager.

2. Lägg amarettikakorna i en plastpåse och krossa dem försiktigt med ett tungt föremål, till exempel en kavel. Du bör ha ca 1/2 kopp. I en medelstor skål, blanda ihop smör och socker och rör ner smulorna.

3. Följ linjen runt persikorna, skär dem på mitten och ta bort gropar. Med en grapefruktsked eller en melonballer, ös ut lite av persikoköttet från mitten för att vidga öppningen och tillsätt det i smulblandningen. Rör ner ägget i blandningen.

4. Ordna persikohalvorna med de skurna sidorna uppåt i formen. Häll lite av smulblandningen i varje persikohalva.

5. Grädda 1 timme eller tills persikorna är mjuka. Servera varm eller i rumstemperatur.

Päron i apelsinsås

Pere all' Arancia

Ger 4 portioner

När jag besökte Anna Tasca Lanza på Regaleali, hennes familjs vingård på Sicilien, gav hon mig lite av sin utmärkta mandarinmarmelad att ta med hem. Anna använder marmeladen både som pålägg och som dessertsås och inspirerade mig att röra ner lite i tjuvvätskan från några päron jag kokade. Päronen hade en vacker gyllene glasyr, och alla älskade resultatet. Nu gör jag den här efterrätten ofta. Eftersom jag snabbt förbrukade utbudet av marmelad Anna gav mig, använder jag kvalitetsbutiksköpt apelsinmarmelad.

½ kopp socker

1 dl torrt vitt vin

4 fasta mogna päron, såsom Anjou, Bartlett eller Bosc

⅓ dl apelsinmarmelad

2 msk apelsinlikör eller rom

1. I en kastrull precis stor nog att hålla päronen upprätt, kombinera sockret och vinet. Koka upp på medelvärme och koka tills sockret lösts upp.

2. Tillsätt päronen. Täck pannan och koka cirka 30 minuter eller tills päronen är mjuka när de sticks hål med en kniv.

3. Överför päronen på ett serveringsfat med en hålslev. Tillsätt marmeladen i vätskan i kastrullen. Låt koka upp och koka 1 minut. Ta av från värmen och rör ner likören. Skeda såsen över och runt päronen. Täck över och kyl i kylen minst 1 timme före servering.

Päron med Marsala och grädde

Pere al Marsala

Ger 4 portioner

Jag hade päron tillagade på detta sätt på en trattoria i Bologna. Om du förbereder dem precis innan du äter middag kommer de att ha rätt serveringstemperatur när du är redo för dessert.

Du kan hitta både torr och söt Marsala importerad från Sicilien, även om den torra är av bättre kvalitet. Båda kan användas för att göra desserter.

4 stora Anjou-, Bartlett- eller Bosc-päron, inte för mogna

1/4 kopp socker

1/2 dl vatten

1/2 kopp torr eller söt Marsala

1/4 kopp tjock grädde

1. Skala päronen och halvera dem på längden.

2. I en stekpanna som är tillräckligt stor för att hålla päronhalvorna i ett enda lager, låt sockret och vattnet sjuda på

medelvärme. Rör om för att lösa upp sockret. Tillsätt päronen och täck pannan. Koka 5 till 10 minuter eller tills päronen är nästan mjuka när de sticks hål med en gaffel.

3. Överför päronen på en tallrik med en hålslev. Tillsätt Marsala i stekpannan och låt sjuda upp. Koka tills sirapen tjocknat något, ca 5 minuter. Rör ner grädden och låt sjuda ytterligare 2 minuter.

4. Lägg tillbaka päronen i stekpannan och strö dem med såsen. Överför päronen till serveringsfat och häll såsen över toppen. Låt svalna till rumstemperatur innan servering.

Päron med varm chokladsås

Pere Affogato al Cioccolato

Ger 6 portioner

Söta färska päron badade i en bittersöt chokladsås är en klassisk europeisk dessert. Jag hade denna i Bologna, där chokladsåsen gjordes på Majani-choklad, ett lokaltillverkat märke som tyvärr inte reser långt från sin hemstad. Använd en bittersöt choklad av god kvalitet. Ett märke som jag gillar, Scharffen Berger, är tillverkat i Kalifornien.

6 Anjou-, Bartlett- eller Bosc-päron, inte för mogna

2 koppar vatten

3/4 kopp socker

4 (2 × 1/2-tum) remsor av apelsinskal, skurna i tändstickor

11/2 kopparVarm chokladsås

1. Skala päronen, lämna stjälkarna intakta. Med en melonballer eller liten sked, ös ut kärnan och fröna, arbeta från botten av päronen.

2. Koka upp vattnet, sockret och apelsinskalet i en kastrull som är tillräckligt stor för att hålla alla päronen upprätt på medelvärme. Rör om tills sockret är upplöst.

3. Tillsätt päronen och sänk värmen till låg. Täck pannan och koka, vänd päronen en gång, i 20 minuter eller tills de är mjuka när de sticks igenom med en liten kniv. Låt päronen svalna i sirapen.

4. När du är redo att servera, förbered chokladsåsen.

5. Överför päronen till serveringsfat med en hålslev. (Täck och kyl sirapen för en annan användning, till exempel att slänga med uppskurna frukter till en sallad.) Ringla över varm chokladsås. Servera omedelbart.

Romkryddade päron

Pere al Rhum

Ger 6 portioner

Den söta, milda, nästan blommiga smaken av mogna päron lämpar sig för många andra kompletterande smaker. Frukter som apelsiner, citroner och bär och många ostar passar bra till dem, och Marsala och torra viner används ofta för att pochera päron. I Piemonte blev jag positivt överraskad över att få serveras dessa päron puttade i en kryddad romsirap tillsammans med en enkel hasselnötskaka.

6 Anjou-, Bartlett- eller Bosc-päron, inte för mogna

¼ kopp farinsocker

¼ dl mörk rom

¼ kopp vatten

4 hela nejlikor

1. Skala päronen, lämna stjälkarna intakta. Med en melonballer eller liten sked, ös ut kärnan och fröna, arbeta från botten av päronen.

2. I en kastrull som är lagom stor för att rymma päronen, rör ihop socker, rom och vatten på medelvärme tills sockret har smält, cirka 5 minuter. Tillsätt päronen. Strö kryddnejlika runt frukten.

3. Täck pannan och låt vätskan koka upp. Koka på medel-låg värme 15 till 20 minuter eller tills päronen är mjuka när de sticks igenom med en kniv. Överför päronen med en hålslev till ett serveringsfat.

4. Sjud vätskan utan lock tills den är reducerad och sirapslik. Sila vätskan över päronen. Låt svalna.

5. Servera i rumstemperatur eller täck och kyl i kylen.

Kryddade Päron med Pecorino

Pere allo Spezie e Pecorino

Ger 6 portioner

Toscaner är med rätta stolta över sin utmärkta fårmjölksost. Varje stad har sin egen version, och var och en smakar något annorlunda än de andra, beroende på hur den åldras och var mjölken kommer ifrån. Vanligtvis äts ostarna när de är ganska unga och fortfarande halvfasta. När osten äts till efterrätt, droppas den ibland med lite honung eller serveras med päron. Jag gillar den här sofistikerade presentationen som jag hade i Montalcino – pecorino serverad med päron tillagade i det lokala rödvinet och kryddor, tillsammans med färska valnötter.

Päronen är förstås också goda att servera vanligt eller med en stor sked vispad grädde.

6 medelstora Anjou-, Bartlett- eller Bosc-päron, inte för mogna

1 dl torrt rött vin

½ kopp socker

1 (3-tums) bit kanelstång

4 hela nejlikor

8 uns Pecorino Toscano, Asiago eller Parmigiano-Reggiano ost, skuren i 6 bitar

12 valnötshalvor, rostade

1. Sätt ett galler i mitten av ugnen. Värm ugnen till 450°F. Lägg päronen i en ugnsform precis stor nog att hålla dem upprätt.

2. Rör ihop vin och socker tills sockret mjuknar. Häll blandningen över päronen. Strö över kanel och kryddnejlika runt päronen.

3. Grädda päronen, tråckla dem då och då med vinet, 45 till 60 minuter eller tills de är mjuka när de sticks igenom med en kniv. Om vätskan börjar torka innan päronen är klara, tillsätt lite varmt vatten i pannan.

4. Låt päronen svalna i formen, tråckla dem då och då med pannsaften. (När safterna svalnar blir de tjockare och päronen täcks med en fyllig röd glasyr.) Ta bort kryddorna.

5. Servera päronen med sirapen i rumstemperatur eller lätt kylda. Lägg dem på uppläggningsfat med två valnötshalvor och en bit av osten.

Pocherade päron med Gorgonzola

Pere al Gorgonzola

Ger 4 portioner

Den kryddiga smaken av gorgonzolaost blandad till en slät kräm är ett välsmakande komplement till dessa päron pocherade i en citronaktig vitvinssirap. Ett stänk av pistagenötter ger en ljus touch av färg. Anjou-, Bartlett- och Bosc-päron är mina favoritsorter för tjuvjakt, eftersom deras smala form gör att de kan koka igenom jämnt. Pocherade päron håller formen bättre när frukten inte är för mogen.

2 dl torrt vitt vin

2 matskedar färsk citronsaft

¾ kopp socker

2 (2-tums) remsor citronskal

4 päron, såsom Anjou, Bartlett eller Bosc

4 uns gorgonzola

2 matskedar ricotta, mascarpone eller tjock grädde

2 msk hackade pistagenötter

1. I en medelstor kastrull, kombinera vin, citronsaft, socker och citronskal. Låt koka upp och koka i 10 minuter.

2. Skala under tiden päronen och skär dem på mitten på längden. Ta bort kärnorna.

3. Häll ner päronen i vinsirapen och koka tills de är mjuka när de sticks igenom med en kniv, ca 10 minuter. Låt svalna.

4. Med en hålslev överför du två päronhalvor till varje serveringsfat med urkärnade sidan uppåt. Ringla sirapen runt päronen.

5. Mosa gorgonzolan med ricottan i en liten skål för att göra en slät pasta. Ös lite av ostblandningen i det urkärnade utrymmet på varje päronhalva. Strö över pistagenötterna. Servera omedelbart.

Päron- eller äppelpuddingkaka

Budino di Pere o Mele

Ger 6 portioner

Inte riktigt en kaka eller en pudding, den här desserten består av frukt kokad tills den är mjuk, sedan bakad med en lätt kakliknande topping. Det är gott med äpplen eller päron eller till och med persikor eller plommon.

Jag gillar att använda mörk rom för att smaksätta denna dessert, men ljus rom, konjak eller till och med grappa kan ersättas.

¾ kopp russin

½ dl mörk rom, konjak eller grappa

2 msk osaltat smör

8 fasta mogna päron eller äpplen, skalade och skurna i ½-tums skivor

⅓ kopp socker

Garnering

6 matskedar osaltat smör, smält och kylt

⅓ kopp socker

½ kopp universalmjöl

3 stora ägg, separerade

⅔ kopp helmjölk

2 msk mörk rom, konjak eller grappa

1 tsk rent vaniljextrakt

Nypa salt

Florsocker

1. I en liten skål, blanda ihop russin och rom. Låt stå i 30 minuter.

2. Smält smöret i en stor stekpanna på medelvärme. Tillsätt frukten och sockret. Koka, rör om då och då, tills frukten är nästan mjuk, cirka 7 minuter. Tillsätt russin och rom. Koka ytterligare 2 minuter. Ta bort från värmen.

3. Sätt ett galler i mitten av ugnen. Värm ugnen till 350°F. Smörj en 13 × 9 × 2-tums ugnsform. Häll fruktblandningen i ugnsformen.

4. Förbered toppingen: I en stor skål, med en elektrisk mixer, vispa smör och socker tills det blandas, cirka 3 minuter. Rör ner mjölet, bara för att kombinera.

5. I en medelstor skål, vispa ihop äggulor, mjölk, rom och vanilj. Rör ner äggblandningen i mjölblandningen tills den blandas.

6. I en annan stor skål, med rena vispar, vispa äggvitorna med saltet på låg hastighet tills det skummar. Öka hastigheten och vispa tills mjuka toppar bildas, cirka 4 minuter. Vänd försiktigt ner vitorna i resten av smeten. Häll smeten över frukten i ugnsformen och grädda i 25 minuter eller tills toppen är gyllene och fast vid beröring.

7. Servera varm eller i rumstemperatur, beströdd med konditorsocker.

Varm fruktkompott

Composta di Frutta Calda

Gör 6 till 8 portioner

Rom används ofta för att smaksätta desserter i Italien. Mörk rom har en djupare smak än ljus rom. Ersätt romen med en annan likör eller ett sött vin som Marsala i det här receptet om du vill. Eller gör en alkoholfri version med apelsin- eller äppeljuice.

2 fasta mogna päron, skalade och urkärnade

1 gyllene läcker eller Granny Smith-äpple, skalat och urkärnat

1 kopp urkärnade katrinplommon

1 kopp torkade fikon, stjälkändar borttagna

½ dl torkade urkärnade aprikoser

½ dl mörka russin

¼ kopp socker

2 (2-tums) remsor citronskal

1 kopp vatten

½ dl mörk rom

1. Skär päronen och äpplet i 8 klyftor. Skär klyftorna i lagom stora bitar.

2. Blanda alla ingredienser i en stor kastrull. Täck över och låt sjuda på medelhög värme. Koka tills de färska frukterna är mjuka och de torkade frukterna är fylliga, cirka 20 minuter. Tillsätt lite mer vatten om de verkar torra.

3. Låt svalna något innan servering eller täck över och kyl upp till 3 dagar.

Venetiansk karamelliserad frukt

Golosezzi Veneziani

Ger 8 portioner

Karamellbeläggningen på dessa venetianska spettfrukter hårdnar, med resultatet något som liknar ett godisäpple. Klappa frukterna ordentligt och gör dessa fruktspett på en torr dag. Om vädret är fuktigt kommer kolan inte att stelna ordentligt.

1 mandarin eller klementin, skalad, uppdelad i sektioner

8 små jordgubbar, skalade

8 kärnfria druvor

8 urkärnade dadlar

1 kopp socker

½ dl lätt majssirap

¼ kopp vatten

1. Trä fruktbitarna växelvis på var och en av åtta 6-tums träspett. Ställ ett galler ovanpå en bricka.

2. I en stekpanna som är tillräckligt stor för att passa spetten på längden, kombinera socker, majssirap och vatten. Koka på medelvärme, rör om då och då tills sockret är helt upplöst, cirka 3 minuter. När blandningen börjar koka, sluta röra och koka tills sirapen börjar få färg runt kanterna. Vrid sedan pannan försiktigt över värmen tills sirapen är en jämn gyllenbrun, ca 2 minuter till.

3. Ta kastrullen från värmen. Använd en tång och doppa snabbt varje spett i sirapen, vänd så att frukten täcks lätt men noggrant. Låt överflödig sirap rinna av tillbaka i pannan. Lägg spetten på gallret för att svalna. (Om sirapen i pannan stelnar innan alla spetten har doppats, värm den försiktigt igen.) Servera i rumstemperatur inom 2 timmar.

Frukt med honung och grappa

Composta di Frutta alla Grappa

Ger 6 portioner

Grappa är en sorts konjak gjord av vinaccia, de skal och frön som finns kvar efter att druvor pressats för att göra vin. En gång i tiden var grappa en grov dryck som oftast drack i norra Italien av drängar och arbetare för värme under kalla vinterdagar. Idag är grappa en mycket raffinerad dryck, som säljs i designflaskor med utsmyckade proppar. Vissa grappas är smaksatta med frukt eller örter, medan andra lagras på träfat. Använd en enkel grappa utan smak till denna fruktsallad och för andra matlagningsändamål.

1/3 kopp honung

1/3 kopp grappa, konjak eller fruktlikör

1 msk färsk citronsaft

2 kiwi, skalade och skivade

2 navelapelsiner, skalade och skurna i klyftor

1 pint jordgubbar, skivade

1 kopp halverade gröna druvor utan kärnor

2 medelstora bananer, skivade

1. Blanda ihop honung, grappa och citronsaft i en stor serveringsskål.

2. Rör ner kiwi, apelsiner, jordgubbar och druvor. Kyl i minst 1 timme eller upp till 4 timmar. Rör ner bananerna precis innan servering.

Vinterfruktsallad

Makedonien del' Inverno

Ger 6 portioner

I Italien kallas en fruktsallad för Makedonien, eftersom det landet en gång var uppdelat i många små sektioner som sammanfördes för att göra en helhet, precis som salladen består av lagom stora bitar av olika frukter. På vintern, när fruktvalen är begränsade, gör italienarna sallader som denna klädda med honung och citronsaft. Som en variant, ersätt aprikossylt eller apelsinmarmelad för honung.

3 matskedar honung

3 msk apelsinjuice

1 msk färsk citronsaft

2 grapefrukter, skalade och delade i klyftor

2 kiwi, skalade och skivade

2 mogna päron

2 dl gröna druvor utan kärnor, halverade på längden

1. Blanda ihop honung, apelsinjuice och citronsaft i en stor skål.

2. Tillsätt frukterna i skålen och blanda väl. Kyl i minst 1 timme eller upp till 4 timmar innan servering.

Grillad sommarfrukt

Spiedini alla Frutta

Ger 6 portioner

Grillade sommarfrukter passar utmärkt till en grillfest. Servera dem vanliga eller med skivor av sockerkaka och glass.

Om du använder träspett, blötlägg dem i kallt vatten i minst 30 minuter för att förhindra att de bränns.

2 nektariner, skurna i 1-tums bitar

2 plommon, skurna i 1-tums bitar

2 päron, skurna i 1-tums bitar

2 aprikoser, skurna i fjärdedelar

2 bananer, skurna i 1-tums bitar

Färska myntablad

Ca 2 msk socker

1. Placera en grill eller broilerställ cirka 5 tum från värmekällan. Förvärm grillen eller broilern.

2. Varva bitar av frukterna med myntabladen på 6 spett. Strö över sockret.

3. Grilla eller stek frukten 3 minuter på ena sidan. Vänd spetten och grilla eller stek tills de fått lite färg, ca 2 minuter till. Servera varm.

Varm ricotta med honung

Ricotta al Miele

Gör 2 till 3 portioner

Framgången för denna efterrätt beror på kvaliteten på ricottan, så köp den färskaste tillgängliga. Medan delvis skummad ricotta är bra, är den fettfria väldigt grynig och smaklös, så använd den inte. Om du vill, tillsätt lite färsk frukt eller prova russin och en nypa kanel.

1 kopp helmjölksricotta

2 matskedar honung

1. Lägg ricottan i en liten skål över en mindre kastrull med sjudande vatten. Värm tills den är varm, ca 10 minuter. Blanda väl.

2. Ös ricottan i serveringsfat. Ringla över honungen. Servera omedelbart.

Kaffe Ricotta

Ricotta all' Caffè

Gör 2 till 3 portioner

Här är en snabb dessert som lämpar sig för en mängd variationer. Servera den med några vanliga smörkakor.

Om du inte kan köpa finmald espresso, se till att köra sumpen genom din kaffekvarn eller matberedare. Om grunderna är för stora, kommer efterrätten inte att blandas rätt, vilket lämnar den med en grynig konsistens.

1 kopp (8 uns) hel eller delvis skummad ricotta

1 msk finmalet (espresso) kaffe

1 matsked socker

Chokladspån

I en medelstor skål, vispa ihop ricotta, espresso och socker tills blandningen är slät och sockret är upplöst. (För en krämigare konsistens, blanda ingredienserna i en matberedare.) Häll upp i parfaitglas eller bägare och toppa med chokladspån. Servera omedelbart.

Variation: För choklad ricotta, ersätt kaffet med 1 msk osötad kakao.

Mascarpone och persikor

Mascarpone al Pesche

Ger 6 portioner

Slät, krämig mascarpone och persikor med krispig amaretti ser vacker ut i parfait eller vinglas. Servera denna efterrätt på en middagsbjudning. Ingen kommer att gissa hur lätt det är att göra.

1 kopp (8 uns) mascarpone

¼ kopp socker

1 msk färsk citronsaft

1 dl mycket kall vispgrädde

3 persikor eller nektariner, skalade och skurna i lagom stora bitar

⅓ kopp apelsinlikör, amaretto eller rom

8 amarettikakor, krossade till smulor (ca 1/2 kopp)

2 msk rostade skivad mandel

1. Minst 20 minuter innan du är redo att göra efterrätten, ställ en stor skål och visparna från en elmixer i kylen.

2. När du är klar, i en medelstor skål, vispa ihop mascarpone, socker och citronsaft. Ta ut skålen och visparna från kylen. Häll grädden i den kylda skålen och vispa grädden på hög hastighet tills den håller formen mjukt när visparna lyfts, ca 4 minuter. Med en spatel, vänd försiktigt ner den vispade grädden i mascarponeblandningen.

3. I en medelstor skål, blanda ihop persikorna och likören.

4. Häll hälften av mascarponekrämen i sex parfaitglas eller vinbägare. Gör ett lager av persikorna och strö sedan över amarettismulorna. Toppa med resterande grädde. Täck över och kyl i kylen i upp till 2 timmar.

5. Strö över mandeln innan servering.

Chokladskum med hallon

Spuma di Cioccolato al Lampone

Ger 8 portioner

Vispad grädde hopvikt till mascarpone och choklad är som en instant chokladmousse. Hallonen är ett sött och syrligt komplement.

1 pint hallon

1 till 2 matskedar socker

2 msk hallon-, körsbärs- eller apelsinlikör

3 uns bittersöt eller halvsöt choklad

½ kopp (4 uns) mascarpone, vid rumstemperatur

2 koppar kyld tung eller vispgrädde

Chokladspån, till garnering

1. Minst 20 minuter innan du är redo att göra efterrätten, ställ en stor skål och visparna från en elmixer i kylen.

2. När du är klar, släng hallonen med socker och likör i en medelstor skål. Avsätta.

3. Fyll en liten gryta med en tum vatten. Låt det sjuda på svag värme. Lägg chokladen i en skål som är större än grytans kant och ställ skålen över det sjudande vattnet. Låt stå tills chokladen smält. Ta av från värmen och rör om chokladen tills den är slät. Låt svalna något, ca 15 minuter. Vik in mascarponen med en gummispatel.

4. Ta ut den kylda skålen och visparna från kylen. Häll ner grädden i bunken och vispa grädden på hög hastighet tills den håller formen mjukt när visparna lyfts, ca 4 minuter.

5. Med en spatel, vänd försiktigt hälften av grädden i chokladblandningen, spara den andra hälften för toppingen.

6. Häll hälften av chokladgrädden i åtta parfaitglas. Varva med hallonen. Skeda på resterande chokladkräm. Toppa med den vispade grädden. Garnera med chokladspånen. Servera omedelbart.

Tiramisù

Tiramisù

Gör 8 till 10 portioner

Ingen är helt säker på varför denna dessert kallas "pick me up" på italienska, men det antas att namnet kommer från det koffein som det ger från kaffet och chokladen. Medan den klassiska versionen innehåller råa äggulor blandade med mascarpone, är min version äggfri eftersom jag inte gillar smaken av råa ägg och tycker att de gör desserten tyngre än den behöver vara.

Savoiardi - skarpa ladyfingers importerade från Italien - är allmänt tillgängliga, men vanliga damfingrar eller skivor av vanlig kaka kan ersättas. Om du vill, tillsätt ett par matskedar rom eller konjak till kaffet.

1 kopp kyld tung eller vispgrädde

1 pund mascarpone

⅓ kopp socker

24 savoiardi (importerade italienska ladyfingers)

1 kopp bryggt espressokaffe i rumstemperatur

2 matskedar osötat kakaopulver

1. Minst 20 minuter innan du är redo att göra efterrätten, ställ en stor skål och visparna från en elmixer i kylen.

2. När du är klar tar du bort skålen och visparna från kylen. Häll ner grädden i bunken och vispa grädden på hög hastighet tills den håller formen mjukt när visparna lyfts, ca 4 minuter.

3. I en stor skål, vispa ihop mascarpone och socker tills det är slätt. Ta ungefär en tredjedel av den vispade grädden och vik försiktigt ner den i mascarponeblandningen med en smidig spatel för att göra den ljusare. Vänd försiktigt ner resterande grädde.

4. Doppa lätt och snabbt hälften av savoiardi i kaffet. (Mätta dem inte, annars faller de isär.) Ordna kakorna i ett enda lager i ett 9 × 2-tums fyrkantigt eller runt serveringsfat. Skeda på hälften av mascarponekrämen.

5. Doppa resterande savoiardi i kaffet och lägg dem i ett lager över mascarponen. Toppa med resterande mascarponeblandning och bred ut den slät med spateln. Lägg kakaon i en finmaskig sil och skaka den över toppen av desserten. Täck med folie eller plastfolie och kyl i 3 till 4 timmar eller över natten så att

smakerna kan smälta. Den håller sig bra i kylen upp till 24 timmar.

Jordgubbar Tiramisù

Tiramisù alle Fragole

Ger 8 portioner

Här är en jordgubbsversion av tiramisù som jag stötte på i en italiensk matlagningstidning. Jag gillar den ännu bättre än kaffeversionen, men då föredrar jag fruktbaserade desserter av alla slag.

Maraschino är en klar, lite bitter italiensk körsbärslikör som är uppkallad efter marasche-sorten körsbär. Maraschino finns här, men du kan ersätta en annan fruktlikör om du föredrar det.

3 pints jordgubbar, tvättade och skalade

½ dl apelsinjuice

¼ kopp maraschino, crème di cassis eller apelsinlikör

¼ kopp socker

1 kopp kyld tung eller vispgrädde

8 uns mascarpone

24 savoiardi (italienska damfingrar)

1. Lägg åt sidan 2 koppar av de snyggaste jordgubbarna för garnering. Hacka resten. I en stor skål, kombinera jordgubbarna med apelsinjuice, likör och socker. Låt stå i rumstemperatur 1 timme.

2. Ställ under tiden en stor skål och visparna från en elektrisk mixer i kylen. När du är klar tar du bort skålen och visparna från kylen. Häll ner grädden i bunken och vispa grädden på hög hastighet tills den håller formen mjukt när visparna lyfts, ca 4 minuter. Vik försiktigt in mascarponen med en smidig spatel.

3. Gör ett lager av ladyfingers i ett 9 × 2-tums fyrkantigt eller runt serveringsfat. Skeda på hälften av jordgubbarna och deras juice. Bred hälften av mascarponekrämen över bären.

4. Upprepa med ett andra lager ladyfingers, jordgubbar och grädde, bred ut krämen slät med en spatel. Täck över och kyl i 3 till 4 timmar eller över natten så att smakerna kan smälta.

5. Strax före servering, skiva de återstående jordgubbarna och arrangera dem i rader ovanpå.

Italiensk bagatell

Zuppa Inglese

Ger 10 till 12 portioner

"Engelsk soppa" är det nyckfulla namnet på denna frodiga efterrätt. Man tror att italienska kockar lånade idén från engelsk bagatell och lade till italienska detaljer.

1Vin Santo Ringseller 1 (12-ounce) köpt pundkaka, skuren i skivor, 1/4 tum tjock

½ dl surkörsbär eller hallonsylt

½ dl mörk rom eller apelsinlikör

21/2 kopp vardera Choklad och vanilj kräm

1 dl tung eller vispgrädde

Färska hallon, till garnering

Chokladspån, till garnering

1. Förbered sockerkakan och krämerna om det behövs. Rör sedan ihop sylt och rom i en liten skål.

2. Häll hälften av vaniljkrämen i botten av en 3-quarts serveringsskål. Lägg 1/4 av tårtskivorna ovanpå och pensla med 1/4 av syltblandningen. Häll hälften av chokladbakelsekrämen ovanpå.

3. Gör ytterligare ett lager av 1/4 av kak- och syltblandningen. Upprepa med den återstående vaniljkrämen, 1/4 av den återstående kak- och syltblandningen, chokladkräm, och resten av kak- och syltblandningen. Täck ordentligt med plast och ställ i kylen i minst 3 timmar och upp till 24 timmar.

4. Minst 20 minuter före servering, ställ en stor skål och visparna från en elmixer i kylen. Strax innan servering tar du ut skålen och visparna ur kylen. Häll ner grädden i bunken och vispa på hög hastighet tills den håller formen mjukt när visparna lyfts, ca 4 minuter.

5. Häll grädden ovanpå bagatellen. Garnera med hallon och chokladspån.

Zabaglione

Gör 2 portioner

I Italien är zabaglione (uttalas tsah-bahl-yo-neh; g:et är tyst) en söt, krämig, äggbaserad efterrätt, ofta serverad som en styrka för någon som lider av en förkylning eller annan åkomma. Sjukdom eller ingen sjukdom, det är en läcker dessert på egen hand eller som sås till frukt eller kaka.

Zabaglione bör ätas så fort den är gjord, annars kan den kollapsa. För att göra zabaglione i förväg, se receptet förkyld zabaglione.

3 stora äggulor

3 matskedar socker

3 matskedar torr eller söt Marsala eller vin santo

1. I den nedre halvan av en dubbelkokare eller i en medelstor kastrull, låt sjuda cirka 2 tum vatten.

2. I den övre halvan av dubbelpannan eller i en värmesäker skål som passar bekvämt över kastrullen, vispa äggulor och socker med en handhållen elmixer på medelhastighet tills det blir ljust, cirka 2 minuter. Blanda i Marsala. Lägg blandningen över det

sjudande vattnet. (Låt inte vattnet koka, annars kommer äggen att krypa ihop sig.)

3. Medan den värms över det sjudande vattnet, fortsätt att vispa äggblandningen tills den är blekgul och mycket fluffig och håller en mjuk form när den tappas från vispen, 3 till 5 minuter.

4. Häll upp i höga bägare och servera genast.

Choklad Zabaglione

Zabaglione al Cioccolato

Ger 4 portioner

Denna variant av zabaglione är som en rik chokladmousse. Servera den varm med kall vispgrädde.

3 uns bittersöt eller halvsöt choklad, hackad

¼ kopp tjock grädde

4 stora äggulor

¼ kopp socker

2 msk rom eller amarettolikör

1. I den nedre halvan av en dubbelkokare eller i en medelstor kastrull, låt sjuda cirka 2 tum vatten. Blanda chokladen och grädden i en liten värmesäker skål över det sjudande vattnet. Låt stå tills chokladen smält. Rör om med en smidig spatel tills den är slät. Ta bort från värmen.

2. I toppen av dubbelpannan eller i en annan värmesäker skål som passar över kastrullen, vispa äggulor och socker med en

handhållen elmixer tills det är ljust, cirka 2 minuter. Blanda i rommen. Lägg blandningen över det sjudande vattnet. (Låt inte vattnet koka, annars kommer äggen att krypa ihop sig.)

3. Vispa äggulablandningen tills den är blek och fluffig och håller en mjuk form när den tappas från vispen, 3 till 5 minuter. Ta bort från värmen.

4. Med en gummispatel, vänd försiktigt ner chokladblandningen. Servera omedelbart.

Kyld Zabaglione med bär

Zabaglione Freddo med Frutti di Bosco

Ger 6 portioner

Om du inte vill göra zabaglione precis innan servering är denna kalla variant ett bra alternativ. Zabaglionen kyls i ett isvattenbad och viks sedan till vispad grädde. Det kan göras upp till 24 timmar framåt. Jag gillar att servera den över färska bär eller mogna fikon.

1 recept (ca 1 1/2 koppar) Zabaglione

3/4 kopp kyld tung eller vispgrädde

2 msk konditorsocker

1 msk apelsinlikör

1 1/2 dl blåbär, hallon eller en kombination, sköljda och torrkladdade

1. Minst 20 minuter innan du är redo att göra zabaglione, ställ en stor skål och visparna från en elektrisk mixer i kylen. Fyll en annan stor skål med is och vatten.

2. Förbered zabaglionen genom steg 3. Så snart zabaglionen är klar, ta bort den från det sjudande vattnet och ställ skålen över

isvattnet. Vispa zabaglione med en trådvisp tills den är kall, ca 3 minuter.

3. Ta ut den kylda skålen och visparna från kylen. Häll grädden i bunken och vispa grädden på hög hastighet tills den börjar hålla en mjuk form, ca 2 minuter. Tillsätt konditorsockret och apelsinlikören. Vispa grädden tills den håller en mjuk form när visparna lyfts, ca 2 minuter till. Med en flexibel spatel, vik försiktigt ner den kylda zabaglione. Täck över och kyl i kylen minst 1 timme tills den ska serveras.

4. Dela bären på 6 uppläggningsfat. Toppa med den kylda zabaglionekrämen och servera genast.

Citrongelatin

Gelatina di Limone

Ger 6 portioner

Citronsaft och -skal gör denna dessert lätt och uppfriskande.

2 kuvert gelatin utan smak

1 kopp socker

2 1/2 dl kallt vatten

2 (2-tums) remsor citronskal

2/3 kopp färsk citronsaft

Citronskivor och myntakvistar, till garnering

1. I en medelstor kastrull, rör ihop gelatin och socker. Tillsätt vattnet och citronskalet. Koka på medelvärme under konstant omrörning tills gelatinet är helt upplöst, cirka 3 minuter. (Låt inte blandningen koka.)

2. Ta av från värmen och rör ner citronsaften. Häll blandningen genom en finmaskig sil i en 5-koppsform eller skål. Täck och kyl tills den stelnat, 4 timmar upp till över natten.

3. När du är redo att servera, fyll en skål med varmt vatten och doppa formen i vattnet i 30 sekunder. Kör en liten kniv runt sidorna. Lägg en tallrik över formen och håll ihop dem och vänd upp och ned på båda så att gelatinet överförs till plattan. Garnera med citronskivor och myntakvistar.

Orange Rom Gelatin

Gelatina di Arancia al Rhum

Ger 4 portioner

Romdoftande vispgrädde är ett trevligt tillbehör. Blod apelsinjuice fungerar bäst här.

2 kuvert gelatin utan smak

½ kopp socker

½ dl kallt vatten

3 koppar färsk apelsinjuice

2 msk mörk rom

Apelsinskivor, till garnering

1. I en medelstor kastrull, rör ihop gelatin och socker. Tillsätt vattnet och koka på medelvärme under konstant omrörning tills gelatinet är helt upplöst, cirka 3 minuter. (Låt inte blandningen koka.)

2. Ta av från värmen och rör ner apelsinjuice och rom. Häll blandningen i en 5-koppsform eller skål. Täck och kyl tills den stelnat, 4 timmar upp till över natten.

3. När du är redo att servera, fyll en skål med varmt vatten och doppa formen i vattnet i 30 sekunder. Kör en liten kniv runt sidorna. Lägg en tallrik över formen och håll ihop dem och vänd upp och ned på båda så att gelatinet överförs till plattan. Garnera med apelsinskivorna.

Espresso gelatin

Gelatina di Caffè

Ger 4 portioner

När jag första gången smakade detta kaffegelatin i Milano serverades det med både vispgrädde ochKyld Zabaglione, en bländande kombination. Detta är också uppfriskande, lätt och gott på egen hand.

2 kuvert gelatin utan smak

1 kopp socker

2 1/2 dl kallt vatten

2 matskedar instant espressopulver

1. I en medelstor kastrull, rör ihop gelatin och socker. Tillsätt vattnet och koka på medelvärme under konstant omrörning tills gelatinet är helt upplöst, cirka 3 minuter. Låt inte blandningen koka.

2. Ta bort från värmen. Rör ner snabbkaffet. Häll blandningen i en 1-quart form. Täck och kyl tills den stelnat, 4 timmar upp till över natten.

3. När du är redo att servera, fyll en skål med varmt vatten och doppa formen i vattnet i 30 sekunder. Kör en liten kniv runt sidorna. Lägg en tallrik över formen och håll ihop dem, vänd upp och ned så att gelatinet överförs till plattan.

Pannacotta

Ger 6 portioner

Den bästa versionen av denna dessert jag har haft var i Piemonte på Giardino da Felicin, en favoritrestaurang i Monforte d'Alba. Den hade precis tillverkats och var knappt gelerad. När jag rörde vid den med min sked gav formen efter sig smidigt. Efterrätten smälte i min mun och smakade inget annat än den finaste söta, fräscha grädden.

Namnet på denna piemontesiska efterrätt betyder "kokt grädde", även om det praktiskt taget ingen matlagning är inblandad. En fräsch bärsås eller varm chokladsås passar bra till det, eller bara lite färsk frukt.

1 kuvert smaklös gelatin

11/2 dl helmjölk

11/2 dl tung eller vispgrädde

1 vaniljstång eller 2 tsk rent vaniljextrakt

1 (2-tums) remsa citronskal

¼ kopp socker

Färsk jordgubbssås

1. Strö gelatinet över mjölken och låt stå i 2 minuter tills gelatinet absorberar lite av vätskan och mjuknar.

2. I en medelstor kastrull, kombinera grädden, vaniljstången (om du använder vaniljextrakt, reservera till senare), citronskal och socker. Låt sjuda på medelvärme. Tillsätt gelatinblandningen och koka, rör om ofta, tills gelatinet är helt upplöst, cirka 3 minuter.

3. Ta bort vaniljstången och citronskalet med en hålslev. Skär vaniljstången på längden med en liten vass kniv och skrapa ur fröna. Rör ner fröna i gräddblandningen. (Eller tillsätt vaniljextraktet om du använder det.)

4. Häll grädden i en stor skål. Fyll en större skål med is och ställ in skålen med grädden i isen. Låt krämen svalna, rör om ofta, tills den börjar stelna, cirka 10 minuter. Häll upp grädden i 6 individuella vaniljsåsbägare. Täck och kyl tills den stelnat, 4 timmar upp till över natten.

5. Förbered eventuellt jordgubbssåsen. När du är redo att servera, doppa kort botten av kopparna i en skål fylld med varmt vatten för att lossna. Kör en liten kniv runt insidan av kopparna. Vänd upp kopparna på serveringsfat. Häll såsen över varje och servera.

www.ingramcontent.com/pod-product-compliance
Lightning Source LLC
LaVergne TN
LVHW021709060526
838200LV00050B/2573